がちナショナリズム

――「愛国者」たちの不安の正体

【目次】

序章

第六感は持ち合わせていない私だが、〝予言〟が当たってしまった。

二〇〇三年に出した福田和也氏との対談集『「愛国」問答』（中公新書ラクレ）の中で私は、『アメリカ新上流階級 ボボズ――ニューリッチたちの優雅な生き方』（光文社・二〇〇二年、原著は二〇〇〇年に出版）で、著者がアメリカの趣味のよい富裕層に対して今後は「愛国的な奉仕」や「国家的な結束」が必要と呼びかけ、それがまさに9・11で実現したことをあげながら、「日本でもそういう人たち（注・ニューリッチ）がリーダーシップを取って、一気にキングギドラ層（注・今でいうヤンキー層）も取り込んでナショナリズムが加速することがあるんじゃないかなと思う」などと語っていたのだ。

しかも、私のその予言は、当時思い描いていたよりずっとグロテスクな形で現実となった。

「あんた反日集団しばき隊のお仲間？ 日本へイトやめてもらえませんかね あ、あんた半島系だっけｗｗ まったく恥ずかしいよ同業者として」

反ヘイトのカウンター活動を罵倒し、韓国や中国への憎悪をむき出しにしながら、侮蔑の言葉を投げつけてくる。今やツイッターではおなじみの光景で、こちらも感覚が麻痺してしまっているのか、そんなリプライが来てももはや何も感じなくなった。

——でも、「同業者」って……？

最後の単語が気になり、その人のタイムラインをのぞいてみる。するとプロフィール欄には「勤務医」とあり、たしかに「今日は当直」「学会での発表準備」などそれらしい内容の投稿も目につく。忙しい診療の合間に、株の売買などの投資や子どものお受験の手伝いなどに精を出している姿も垣間見える。

しかし、そんな仕事も生活も充実している一見、知的なドクターがリツイートしているのは、中韓ヘイトや、リベラル言論人やメディアを「サヨク」「売国奴」「マスゴミ」と口汚く罵る〝ザ・ネトウヨ〟の発言ばかりだ。本人もときどき、安倍政権や安全保障政策への熱い支持をつぶやき、中韓を「どうしようもない国」などと嘲笑している。

実は、こういう人は少なくない。外資系企業のマネージャー、会社経営者、大学教員、医師、弁護士など。学歴エリートであったりリッチな生活を送っていたりしながら、タイムラインが自身のネトウヨ的なツイートや〝本格ネトウヨ〟のリツイートで〝汚染〟されまくっている。実名公表が基本のフェイスブックですら、優雅なホームパーティの写真の後に、「安保法制反対の学生デモに中国から資金援助」といったとんでもないデマがシェアされたりしていることがある。

ハイクラスネトウヨ。エリートネトウヨ。そんなクラスタ（階層）が出現しているのだろうか。

いわゆるネトウヨと称される人は、居場所も出番もなく経済的にも困窮している人、つまり社会的な底辺層が多いと言われることも多かった。その中でも、とりわけ〝しんどい若者〟の憂さ晴らしが路上のヘイトデモという構図だ。保守論壇から登場し、今やリベラル派からも評価されている評論家の古谷《ふるや》経衡《つねひら》氏はその理解に疑問を抱き、『ネット右翼の逆襲――「嫌韓」思想と新保守論』（総和社・二〇一三年）の中で保守色の強い約一〇〇〇人へのネットアンケートを実施した結果から、「ネトウヨの中心は〝低学歴ニート〟ではなく、大都市在住の三〇代～四〇代ミドルクラス」と分析している。

また、ネトウヨとは区別されるが、大阪ダブル選挙で橋下市長が圧勝した際、社会政治学者の松谷満氏は、論考「誰が橋下を支持しているのか」（『世界』二〇一二年七月号）の中で、橋下氏を支持する層は「若者・社会的弱者」には限定されておらず、むしろ「中高年のミドルクラス」への広がりが目立つことをやはりアンケート調査で明らかにした。さらに松谷氏はその背景にある要素を「強いリーダーシップ」・「愛国心」・「成長志向」への共感だとして、それを「ナショナリズムと新自由主義の肯定」とまとめている。

古谷氏の分析対象は「ネトウヨ」であり、松谷氏のそれは「橋下支持層」なので、それをいたずらに連続させて考えることはできない。しかし、両者の結果が「中年ミドルクラス」という共通の階層を示したのは、ただの偶然だろうか。私は、両者は「ナショナリズムと新自由主義」という同じスペクトラムに属しており、その中でより前者の比重が大きい層が古谷氏の分析した「ネトウヨ」、より後者に重きが置かれた層が松谷氏の「橋下支持」ではないか、と思うのだ。

おそらくミドルクラスよりさらに富裕層に近い、外資系ネトウヨ、開業医ネトウヨなども基本的にはこの「ナショナリズム―新自由主義」スペクトラムに位置づけられるのだろう。しかし、彼らがより〝新しい〟のは、彼らは愛国心の持ち主というレベルを超えた先鋭的な人種差別主義者や国粋主義者であり、それと同時に「お金儲けってそんなに悪い事ですか？」的な徹底的な拝金主義者、いわゆる新自由主義者であるということだ。つまり、ナショナリズムか新自由主義のどちらかにより傾いているのではなく、どちらの針もマックスに振りきれているのだ。

さらに、彼らハイクラス・ネトウヨに見られる第三の特徴は、その高学歴からは考えられないことだが、反知性主義であることだ。先ほども述べたように、彼らは明らかに無知な〝従来型ネトウヨ〟の下劣な発言もためらうことなく拡散する。たとえば「あの反日学者の本名は朴念仁」などという噴飯モノのつぶやきを、なぜ「国際学会でニースから帰国、早くもフランス料理が恋しくて成田から三ツ星フレンチに直行」というドクターがリツイートするのか。自分の考えを代弁してくれるような内容であればそれが無知無学に基づくものであっても利用する、という彼らを見ていると、「ネトウヨ思想のもとにはエリートと底辺が一枚岩になれるということか」とある種の潔さや公平ささえ感じてしまうことさえある。

しかし、その公平さはもちろんネット上のことだけのものだ。リアル社会では新自由主義ネトウヨたちは社会的弱者から搾取する側であり、彼らにネタを供給し続けた反知性というか無知性なネトウヨはいざとなれば「努力しない自分が悪い」と切り捨てられるだけだ。フランスの右翼政党「国民戦線」では、党首マリーヌ・ルペンが移民反対など排外主義を打ち出しながら、アメリカ型グローバル経済にも異議を唱え、国民には雇用や住宅の供給を約束するなど内向きではあるが社会主義的な政策を打ち出して人気を博する、という不思議な状況が起きている。日本の場合はどうか。ハイクラス・ネトウヨにはその〝内向きな寛容さ〟を期待することは、とてもできそうにない。

いずれにしても、「ナショナリズム」「新自由主義」「反知性主義」の三題噺のオチは、悪夢のような悲惨なものになるだろう。なぜこうなった。いつこうなった。過去を振り返ることとじたい、今は「後ろ向き」と言われて嫌われるようになったが、ここでもう一度だけ考えてみよう。何も五〇年、一〇〇年の昔を想像する必要はない。ほんの十数年、時間をさかのぼるだけで見えてくるものがたくさんある。

第一章

ナショナリズム気分から排外主義へ

†ツイッターから謎のメッセージ

「まだ通名で診療してるみたいですが、七月八日でそれも終わりですね。七月九日からが楽しみです」

最初は、まったく意味がわからなかった。

二〇一四年秋頃から、ツイッターなどでこんなメッセージが届くようになった。最初は、まったく意味がわからなかった。たしかに「香山リカ」というのは筆名で、病院での医療活動では別の本名を使っている。そのことを指しているのだろうか。

筆名を使い続けているのには、私なりの理由がある。もう二〇年近く前の話になると思うが、私の執筆活動を知った患者さんから、「病院では〝ふつうのお医者さん〟にかかっていると思いたい。先生が本を書いてる人と思うと落ち着かない」と言われたことがあった。私はそのとき、「ペンネームでの活動と診療は完全に分けます。病院ではなるべく〝ああ、あれが香山リカ〟と気づかれないよう工夫して、私もそのことを忘れて診療に専念しますね」と約束したのだ。私自身も、その方がずっと病院での仕事はやりやすい、と思った。

ときどき「香山リカさんに診察してもらいたい」と出版社に問い合わせがあるようだが、申し訳ないが基本的にはお断りしている。先の約束もあるし、そもそも本を読んで私に大きな期待を抱いてやって来ても、病院で行っているのはごく一般的な診療なので多くの人はがっかりするからだ（二〇一四年にはそのことに関しても、「医師が診療拒否ですか？　医師法に違反しますね」と多くの人から批判ツイートが寄せられた）。

しかし、冒頭の「通名での診療ももう終わり」というのは、どうもその「ペンネームと本名の問題」を指しているのではないようだった。

積極的に調べる気にもなれず「なんだろう」と思いながら放置していたが、いくつものメッセージを見ているうちに、この人たちが何を言おうとしているか、次第にわかってきた。

一部のネットユーザーたちの間で、「二〇一五年七月九日をもって在日コリアンの大半ないし全員が不法滞在となり、入管に通報すれば即国外退去にできる」といった〝情報〟が拡散されており、そのさまざまなバリエーションの中に「通名使用もできなくなる」というのが含まれていたようなのだ。

この「不法滞在」や「通名使用の不許可」も、まったくのデマだ。実際には、在日コリアンなど特別永住者と中・長期在留者に対して従来の「外国人登録証明書」を、それぞれ「特別永住者証明書」または「在留カード」に切り替える手続きが進められており、「外国人登録証明書」の有効期限が二〇一五年七月八日だという、ただそれだけのことなのだ。

では、「強制送還」とはどこから出てきた話なのか。法務省入国管理局のホームページのそれぞれに関する「Q&A」にはこんな項目がある。

（特別永住者証明書）

Q16．外国人登録証明書が特別永住者証明書とみなされる期間を過ぎても切替えを行わなかった場合、罰則等はありますか。

A．特別永住者の方がお持ちの外国人登録証明書は一定の期間特別永住者証明書とみなされますが、その期間が経過しても特別永住者証明書の交付の申請をしなかった場合、一年以下の懲役又は二〇万円以下の罰金に処せられることがあります。

（在留カード）

Q70．永住者が在留カードの交付申請期限を過ぎても外国人登録証明書から在留カードへの切換えを行わなかった場合、罰則等はありますか。

A．永住者の方でも、お持ちの外国人登録証明書が在留カードとみなされる期間を経過しても在留カードの交付の申請をしなかった場合、一年以下の懲役又は二〇万円以下の罰金に処せられることがあります。また、これに違反して懲役に処せられたときは退去強制事由に該当することになります。

おそらくデマを信じている人たちは、このあたりを見て「強制送還だ」「不法滞在だ」と言っているのだろう。実際には、「一年以下の懲役又は二〇万円以下の罰金」も「懲役に処せられたときは退去強制事由に該当」もよほど悪質な場合を想定していると思われ、犯罪性のない〝うっかり忘れ〟ですぐにそうなるとは考えにくい。

また、通称に関しては「特別永住者証明書」や「在留カード」には記載されないとのことだが、住民票などにはこれまで通り記載され、もちろん日常生活では何ら問題なく使用できる。

これらのことはちょっと調べればすぐわかることなのに、なぜ彼らはまことしやかに「在日は一掃される」「日本に残っても本名で活動せざるをえない」などと言うのだろう。しかも、わざわざこんなデマを私のような見知らぬ人間に送り続けるのだから、まったく驚くしかない。

しかも、それ以前の段階でも問題がある。私は在日コリアンではないので、通名使用の事実じたいがないのだ。

†事実かどうかは、どうでもいい

「香山リカは在日（コリアン）」という話は一〇年以上前からあちこちで囁かれていたので、今さら反論する気にもならなかった。私は、「在日」と突きつければ相手を貶めることになる、という考え方に含まれている差別意識そのものにたまらない嫌らしさを感じる。相手は、ここで私が「やめてください！　在日なんかじゃないですよ！立派な日本人です！」とでも答えようものなら、「ほら、おまえだって差別しているじゃないか」と言おうと待ちかまえているのだろう。私としては「在日だったらよかったんですけどね。つまらないことに日本人なんですよ」と皮肉のひとつも言いたい気持ちだったが、それも通用せず曲解させる危険性がある。だから、いくら「在日だろう」と言われても「どうぞ、お好きに勝手なことを言ってください」とだけ答え、イエスともノーとも言わずにいた。

すると、冒頭の「二〇一五年七月九日」に関するメッセージが増えた頃から、私に対して国籍や帰化歴を尋ねるツイッターでのメンション（問いかけ）が日に日に増えてきた。ついに二〇一四年秋頃には、具体的な名前をあげて「これが香山リカの正体だ」などとするツイートが一〇〇〇、二〇〇〇とリツイート（拡散）されるようになっていった。その名前は見ようによっては韓国風なのだが、私とは何の関係もないものだ。

ただ大きな問題は、その名前を有する女性医師は実在し、関西の病院に勤務しているということだった。言われなき誹謗中傷がその医師のところにまで届き、診療にも差しさわりが出ているかもしれない。さすがに私も看過できなくなり、「私のことをなんと言うのも自由ですが、他人を巻き込むのはやめてください」などとツイッターで拡散する人に注意するようになった。

しかし、それはまさに「火に油」であった。私のひとつの発言に対して、何十人もの人から「じゃ本名は何か言ってみろよ」「言えない？　在日確定」といった返答が届く。また、とくに〝精力的に〟別人の名前を「これが香山リカの本名だ」と拡散していた人は、わざわざツイッターのブロックという機能を使って私がその人のツイートを直接、見たり返信をしたりできないようにしておいてから、さらに「これが本名だ」と拡散する頻度を高めるようになった。

しかも、私を非難しつつもいくらか心ある一部の人が、「その医者は○○大学病院にいるらしい。年も違うし香山じゃなさそう」などと事実を書き込んでくれても、発信者たちは一切無視し、一向に拡散をやめようとしなかった。おそらく発信源の人たちにも、「どうやらこれ（自分たちが拡散している韓国風の名）は香山の本名ではないようだ」ということはわかっているのだろう。

そうこうするうち、後述するような在日コリアンらをターゲットにしたヘイトスピーチ・デモに対する抗議活動をしている人が、「一度、日本人ですと名乗ったらどうですか」とアドバイスしてくれた。

「以前なら、自分の国籍をわざわざ明らかにする必要はない、という考えがあったかもしれませんが、今は『自分は被差別の当事者としてではなく、差別をするあなたと同じマジョリティ側として抗議している』と立場をはっきりさせることも大切だと思います。」

私はこの助言に目を啓かれ、ツイッターで「私は北海道生まれの日本人ですよ。国籍を変えたこともないです」と簡単に出自を語った。

ところが、それも思ったような効果はなかった。「北海道の前に親はどこにいたんだよ？　半島だろ」「戸籍謄本の写真をアップしてみろ」「出せないのはウソだからですね」など反発こそ買ったが、「香山は在日。本名はこれ」といったツイートが消えることはなかったのだ。

彼らにとっては、もはや何が事実かさえ、どうでもよいのだろう。

ネットの世界では、自分の主張と相容れない人を「反日」と称し、さらには「在日

（コリアン）だ」と決めつけることを「在日認定」と呼ぶ。香山リカの発言は気に食わない。あいつは反日だ。ということは在日に決まっている。見つけたぞ、これが韓国名だ……。誰かにそう言われて「やっぱりそうだったのか」と「在日認定」して溜飲を下げることとじたいが目的なので、それがどれくらいの精度なのかは問題にはならない。彼らにとって大事なのは、「そうか、やっぱり！」「許せない！」と共感や怒りをいかに共有させることができるか、それだけなのである。自分が発信したツイートの価値はリツイートの回数の多さだけで決まり、それが事実か否か、正確かどうかは問われないのだ。

冒頭の「七月九日になれば強制送還」だとか「通名使用ができなくなる」といったデマもまさにそれと同じで、「ついにその日が来るのか」と溜飲を下げることとじたいが目的となっていたと思われる。

ネットには「七月九日のカウントダウン」を行うサイトも出現した。「この日が待ち遠しい」とでも言いたげなウキウキした調子で、次のようなことを記すブログも数多く目についた。

「これまで本名を隠し、通名などで会社に勤務してきた在日も多いと思います。七月九日以降、全社内に知れわたり、会社を辞めることになるような人たちも出てくると思います。それもこれも自業自得ですね。」

そして、七月九日がやって来た。

もちろん、誰も「強制送還」にも「逮捕」にもなっていない。私に昨年来、「通名での診察ももうすぐ終わりですね！」などと楽しいことが待っているようなメッセージを送ってきたような人たちは、今ごろどうしているのだろう。

しかし一部の人たちは、今度は「強制送還されていない人は違法滞在にあたるので通報しよう」と言い出し、「通報リスト」や「入国管理局への通報の仕方」をネットで公開して呼びかけ始めた。ちなみにその「通報リスト」には、私の名前や勤務先、本名といった個人情報も載っている。

「まさか、本気にする人などいないはず」と思っていたが、七月九日には入国管理局のホームページがサーバダウンのため閲覧できなくなったところを見ると、相当数の通報があったと推測される。

†二〇〇二年から二〇一五年に、何が起きたのか

二〇〇二年、私は『ぷちナショナリズム症候群――若者たちのニッポン主義』という新書を出し、そこにこう記した。

「いまは他愛もない〝愛国ごっこ〟でとどまっているぷちナショナリズムの国・ニッポンが、瞬く間にラディカルなナショナリズムの国に転じていく可能性も否定できない。そして、そのとき世界の表舞台に装いも新たに再登場した〝美しい国・ニッポン〟は、低所得層だけが極右に走ったフランスなど問題にならないほど、ほとんどすべての階層がそれぞれの立場で愛国主義を唱える世界一のナショナリズムの国になっていたのである――これが単なる笑い話で終わるかどうか、答えは意外に早く明らかになりそうな気がする。」(『ぷちナショナリズム症候群――若者たちのニッポン主義』中公新書ラクレ・二〇〇二年)

二〇〇二年から二〇一五年までは一三年。

長いと言えば長いが、短いと言えば短い「一三年間」という年月のあいだで、日本の様相はかなり変わったと言わざるをえない。七月九日の件だけを見ても、日本に住む在日コリアンに対して「不法滞在だから逮捕、強制送還しよう」と考え、実際に入国管理局のサーバをダウンさせるほど通報するという行動を起こす人たちがいる、というのが二〇一五年の事実なのだ。

私にツイッターで、「通名使用も終わり」「在日はさっさと帰れ！」といったメッセージを送ってきた何人かのプロフィールをチェックしてみたことがある。そこにはこんな言葉が並んでいる。

「私は日本を愛する普通の日本人です」

「日本に生まれてよかった！　子どもたちが安心して住める国にしたい。子育てに追われる普通の日本人ママです」

「日本人は日本のもの。朝日新聞と反日サヨク大きらいの普通の日本の若者です」

「日本大好き、猫を愛する普通のオッサン日本人です」

自分と主張が違う人を「在日」と一方的に決めつけたり、その「在日」に対して根拠もなく「不法滞在」「逮捕」と主張したり、あげくのはては路上でヘイトデモを繰り広げたりするのが、本当に「普通の日本人」なのだろうか。

これが二〇一五年の「普通」だとは、二〇〇二年に『ぷちナショナリズム症候群』を書いたときの私はさすがに私も想像していなかった。

さて、いきなり二〇一五年の風景を描写してしまったが、もう少し時計を前に戻して考えてみたい。先ほど私が『ぷちナショナリズム症候群』という著作の中で、「若者を中心に情緒的で感覚的なナショナリズムの気分が広まっている」としてそれを「ぷちナショナリズム」と名づけたのは二〇〇二年だった、と記した。繰り返しになるが、この年は日韓共催ワールドカップが開催された年である。私自身、このときの自国（つまり日本）への熱い応援と異論（たとえば他国のチームが好きだ、など）が許されない雰囲気、さらに韓国チームや韓国サポーターに対するライバル意識というよりはほとんど敵意に似た感情を表出させる若者たちなどを見て、「ぷちナショナリズム」の着想を得たのだった。

　これまた繰り返しになるが、このとき私が予測したのは日本における「ナショナリズムのさらなる高まり」であったが、実は現実は別の方向に急速に進展した。それは、「韓国嫌い（「嫌韓」と言われる）」やそれに基づく在留外国人への排外主義的な思想や行動である。

　それらはついに「在特会」というシンボル的な存在の〝市民団体〟を生み、彼らの繰り広げるヘイトスピーチデモは、二〇一〇年代の日本の大きな社会問題となっていく。この問題をずっと追い続けているジャーナリストの安田浩一氏は、その著書『ヘイトスピーチ――「愛国者」たちの憎悪と暴力』（文春新書・二〇一五年）の中でも、「二〇〇二年の重要性」について述べている。同書から引用しよう。

　嫌韓に傾いたきっかけを、この年のワールドカップとする者は少なくない。それまで上から目線で「アジアの小国」としか認知していなかった韓国の存在を「発

在日韓国・朝鮮人をののしりながらデモ行進する人たち　2013年６月東京都新宿区（提供：共同通信社）

見」し、そして韓国民のナショナリズムを目の当たりにし、徐々に「敵」として見るようになったのだろう。

「韓国チームのラフプレーに怒りを感じた」「日本への敵意に腹が立った」「サポーターの熱狂ぶりが怖かった」という言葉を、在特会員への取材の過程で何度も耳にしている。

しかし、結果的に在特会デモに参加することになった人たちにしても、最初から「在日韓国人は全員、日本から追い出すべき」といった確信があったのではなく、おそらく「韓国ひどいよね」「それに比べて日本っていいよね」といった〝気分としての嫌韓〟だったのではないだろうか。

†「気分」と「権力」の合体

この〝嫌韓気分〟〝ぷちナショ気分〟を下支えするのに大きな役割を果たしたのが、九〇年代の後半から社会的にその名を知られるようになった「新しい歴史教科書をつくる会（略称・つくる会）」である。

「つくる会」は、保守論客の藤岡信勝、西尾幹二氏らと「独自の自由主義史観の構築」を目指して結成された市民団体だ。九七年に発表された同会の趣意書では、「戦後の歴史教育は、日本人が受けつぐべき文化と伝統を忘れ、日本人の誇りを失わせるものでした」「特に近現代史において、日本人は子々孫々まで謝罪し続けることを運命づけられた罪人の如くにあつかわれています」、とくに「冷戦終結後はこの自虐的傾向がさらに強まり、現行の歴史教科書は従軍慰安婦のような旧敵国のプロパガンダをそのまま事実として記述するまでになっています」と批判している。ちなみに「つくる会」の前身ともいえる「自由主義史観研究会」が九六年から発行を始めた『教科書が教えない歴史』は、全四巻で一二〇万部を超えるミリオンセラーとなった。また二〇〇一年からは四度にわたって扶桑社から中学生用の歴史・公民の教科書も発行している。

歴史社会学者の小熊英二氏は、その著書『〈癒し〉のナショナリズム』（慶應義塾大学出版会・二〇〇三年）でこの「つくる会」のくわしい分析を行い、興味深い指摘をしている。すなわち、同会の関係者やその活動を支持する人たちが、「普通の市民」や「庶民」だと自称し、従来の「街宣車右翼」を嫌っている、ということだ。また、彼らの多くは「確固たる思想性は希薄で、天皇への関心は薄い」とも言っている。つまり、「太平洋戦争に大義はあった」「従軍慰安婦など敵国のプロパガンダのためのねつ造だ」などと主張する彼らだが、その活動は従来、日本で見られた「右翼」と呼ばれたような保守系運動とは大きく異なっており、従来のムラ共同体から遊離した「個人」の集合としての新しい草の根保守運動だというのだ。小熊氏はここに、「ナショナリズムの台頭」ではなく「ナショナリズム気分」を見ようとしている。

では、どうしてこのような「ナショナリズム気分」が九〇年代後半から二〇〇〇年代はじめの日本に広がって行ったのだろう。そのことに関して小熊氏は、「新しい歴史教科書をつくる会」は保守思想や歴史観を掲げながら、「サヨク」や「北朝鮮」を「普通でないもの」として批判することで、その人が自らの内に抱える不安を打ち消し、とりあえずのアイデンティティを確保することにひと役買ったのではないか、と分析している。彼らは、まさに「個人」にとっての〈癒し〉として、「ナショナリズム気分」を激しく求めていた、というわけだ。

しかし、いくらそれが「〈癒し〉としてのナショナリズム気分」、「個人の不安の打ち消しのためのナショナリズム」だからといって、それ以上、現実に影響することはない、とは言えない。それに目ざとく気づいたのであろうか、二〇〇五年一一月、小泉政権時代の自民党大会では、党の新綱領に「家族の絆を大切に、国を愛し地域を愛し、共に支え合う」という文言が明記されていて、ちょっとした話題となった。

日韓ワールドカップを契機とした若者の「ぷちナショナリズム」、新自由主義的な小泉政権時代に不安を抱えた個人の「〈癒し〉としてのナショナリズム気分」が、現実的な権力を持つ政党の理念と合体し、ひとつの大きな水脈を作り始めた。それが二〇〇五年以降だった、と言えるのではないだろうか。

もちろん、それから流れは一気呵成にナショナリズムや排外主義に傾いたわけではない。

評論家の福田和也氏は、著書『闘う書評』（新潮社・二〇〇八年）の中で、二〇〇〇年代前半の「自民支持」の要因を「嫉妬」だと分析している。福田氏は、当時の日本に広がっていた「公務員に対する嫉妬」がフリーターの若者などの社民、共産離れを進め、自民支持を増やしている可能性を、ベストセラーとなった三浦展《あつし》氏の『下流社会』(光文社新書・二〇〇五年)のデータも引用しながら指摘しているのだ。

すなわち、団塊ジュニア層において、「特定の支持政党がない」のは「上流」層では七五%、「下流」層は六〇・四%、自民党支持は「上流」層が八・三%、「下流」層では一八・八%、と「下」ほど支持政党なしが減って自民支持が増えている。従来の「民衆は権力に反抗するもの」という図式は、ここに来て大きく崩れているのだ。福田氏は、三浦氏の見解をこうまとめる。

「かつては弱者とされたような階層が、むしろ保守的な、マッチョな政治を強く支持し、また政治に関心を強くもつ状況を、筆者(注・三浦氏)は、香山リカ氏説くところの『ぷちナショナリズム』そのものと評しています。」

また『カーニヴァル化する社会』(講談社現代新書・二〇〇五年)の著者で社会学者の鈴木謙介氏(一九七六年生まれ)は、「若者は『右傾化』しているか」と題された論文で、世論調査の結果を掲げて「二〇代の『ガチ』ナショナリズム」(現実主義的なナショナリズム、右傾化の意）という記事を展開した雑誌『ＡＥＲＡ』二〇〇四年八月三〇日号（朝日新聞社）を取り上げ、「（ここで言われる）『右傾化』が、かなり曖昧な、印象に基づいた議論だ」と批判する（『世界』二〇〇五年七月号）。

†「右傾化」にネットが果たした役割

では、当時の自民支持は、いったい若者たちのどういう気分を反映しているのか。鈴木氏は、同じ社会学者の北田暁大《あきひろ》氏の『嗤う日本の「ナショナリズム」』（ＮＨＫ出版・二〇〇五年）での議論を引用しながら、それは「（左派的な）マスコミには登場しない〈真実〉が、どこかにあるに違いない」という「ロマン主義」だという。そして、とくにインターネット上で「右傾化」と称されるような発言が飛び交っている理由について、こう言うのだ。

「（ネット上では）あらゆる中心的な価値が脱臼され、すべてのコミュニケーションが、他者とのつながりのためのネタとして消費されるような態度の前景化に求められる。私自身もこうしたコミュニケーションの様式を『ネタ的コミュニケーション』と呼び、また、ネタによって接続される『祭り』こそが、こうした『右傾化』の本質であると論じてきた。」

鈴木氏に代表されるような主に若い世代の論客たちは、従来の価値観で言えば「保守化」と呼ばざるをえないような現象があちこちで起きていることは認めながらも、それを「右傾化」というくくりで表現し、さらに「全体主義への布石だ」などと重く見て警戒する動きそのものに対して、古くささを感じ、抵抗しようとしていた。

そして二〇〇六年九月、自民党総裁としての任期満了に伴って小泉政権は終わり、次に続く安倍（第一次）内閣、福田内閣、麻生内閣ではそれぞれ「政治とカネ」などで大きな問題が起きて道半ばで終わり、二〇〇九年八月三〇日に行われた総選挙で民主党がついに政権交代を実現させた。民主党時代の最初の総理となった鳩山由紀夫氏は「コンクリートから人へ」と政策の方針を大転換することを所信表明演説で約束し、ナショナリズムや排外主義はここに来てその色が一瞬、薄まったかに見えた。

しかし、そのあと民主党政権は迷走し、二〇一一年に東日本大震災と福島第一原発事故が起きたことで混乱にさらに拍車がかかった。結局、二〇一二年一一月一六日の衆議院解散をもって民主党政権は三年余で終わることになったのだ。そして同年の一二月に行われた第四六回総選挙で自民党は再び政権の座に返り咲いた。その時点までは野党だった自民党の総裁は、安倍晋三氏であった。

その選挙の公示前の一一月二四日、東京の日比谷野外音楽堂で、保守系討論番組を中心に放送を行うCS放送局「チャンネル桜」が主催して「安倍『救国』内閣樹立！国民総決起集会&国民大行動」というイベントが行われた。巨大な日の丸をあしらったステージで元航空幕僚長の田母神俊雄氏や「チャンネル桜」創設者の水島総氏などがスピーチしたのだが、そこに安倍晋三氏本人も来場し、一〇分近く演説を行った。そのスピーチは動画サイトで閲覧が可能だったので私も見た。

安倍氏は日教組や領土問題における民主党の対応を徹底的に批判したあと、最後にこう聴衆に呼びかけた。

「チャンネル桜もできたし、今、インターネットがあります。インターネットでみな

第２次安倍内閣が発足し、記念写真に納まる安倍首相と閣僚ら
2012年12月首相官邸（提供：共同通信社）

さん、いっしょに世論を変えていこうではありませんか。みなさん、ともに、日本のために戦っていきましょう！」

これがリップサービスか本音かはよくわからないが、安倍氏が言った「CS放送局やインターネットで世論が変わる」というのは鋭い指摘だったといえる。

先の『ヘイトスピーチ』の中で、安田氏は「嫌韓」の流れを作るきっかけになったのは日韓ワールドカップであるが、その拡散に大きな役割を果たしたのはインターネットであった、とひとりの青年の変化を追いながら述べている。

「これ〔引用者注・日韓ワールドカップ〕を契機に、隣国のあら探しが始まるが、情報収集のツールとして利用されたのは、いうまでもなくネットだった。そのネット空間に溢れる書き込みに接することによって、いつしか韓国への憎悪が膨らんでいく。〔中略〕／ネットには教科書では触れられることのない「真実」があふれていた。それまで日本だけが悪いと思っていた戦前の植民地政策も、実は誇るべき歴史なのだということを「知った」。マスコミに洗脳されている自身の無知に「気が付いた」。怒りにまかせてブログに思いの丈をぶちまけた。」〔前掲書〕

「普通」の軸が少しずつ保守的な方へ、とずれていった。そしてネットによりそのゆがみがさらに増大し、いつのまにか「〈癒し〉としてのナショナリズム気分」は、激しい自己肯定を促し、ついには他国を貶めることで自国の誇りと自信を確保しようとする排外主義にまでその足を踏み出してしまったのである。

第二章

崩壊するエディプス神話

†首相批判は、「不謹慎」？

「何様だと思ってるんだよ」「仮にも一国の首相を批判するとは日本人として不謹慎だと思わないの」「失礼極まりない言い方。最低の礼儀も知らないんですね」「向こうはおまえなんかよりずっと上、わかった？」

政権やその構成メンバーに批判的な発言をすると、私によく寄せられるコメントだ。批判の内容がこういう点で的外れだという意見ではなくて、とにかく「首相（あるいは大臣）を批判すること」じたいが「失礼」で「不謹慎」だ、ということなのだろう。この人たちは、首相や大臣の権威や懲罰を怖れて、「シーッ！　そんな悪口なんて言ってはいけませんよ。聞こえたらどうするんですか？」とたしなめてくれているのではない。もっと素朴に閣僚を「偉い人だ」と尊敬していたり、「地位の高い人が悪いことをするはずがない」と心から信頼したりしているようだ。

中には、「首相の発言はおかしい」と言うだけで「安倍氏にも人権があるのですよ？　首相へのヘイトスピーチやめてもらえませんか」と言ってきた人もいる。在日コリアンに対しては憎悪の限りを尽くしたツイートをしている人が、こと首相が相手となると、批判にさえなっていないような感想であっても「安倍首相へのヘイトだ」と言うのである。まさにアンタッチャブルな安全地帯に首相を始めとした政府が置かれている。

逆に、そちら側から球が投げられても、そのおかしさを指摘する人はほとんどいない。少し前の話になるが、二〇一二年一二月のネットニュース「夕刊アメーバニュース」から抜粋して引用させてもらおう。

「安倍晋三総裁　NHK登場の香山リカ氏を『論外』と評す

22日19：30～NHKで『どうするニッポン新政権に問う』という番組がオンエアされた。同番組は、衆院選で圧勝した自民党が「経済政策」「震災復興」「外交・安全保障」などに新政権がいかに取り組むかを、ゲスト・視聴者からの意見を交えながらの生放送で伝えていくもの。自民党からは石破茂幹事長が出演した。

同番組オンエア前に安倍晋三・自民党総裁の秘書はツイッターでこう書いた。

〝他の出演者がスゴイ！　「帰国した5名の拉致被害者は直ちに北朝鮮へ帰すべきだ！」という発言で有名な藤原帰一教授。常に安倍晋三を批判し続けもはや精神科医よりも安倍批難が本職になりつつある香山リカさん。反安倍のクリンナップです。この番組は視聴者と双方向という触れ込みらしいですが本当でしょうか？　私の友人は「偏向していると言われているＮＨＫが本当に番組好みの意見だけ紹介するのかどうか、試しに御意見見送っとくかぁ」と言ってました〟

（中略）

そして安倍氏自身がこの番組について前出・秘書のFacebookの書いたポストにコメントを以下のようにつけた。

〝ＮＨＫのコメンテーターレベルお粗末すぎ。藻谷氏といい藤原氏といい今まで言ってきた事もう一度検証したら恥ずかしくて人前にでれないでしょう。藻谷氏はデフレの原因は人口減少とか本に書いてましたが、人口減ってもデフレに陥っていない国はいくらでもあります。この前フジテレビで完全論破しましたが、恥を知れといいたいですね。香山リカ氏は論外〟

これに対しては、約200の「いいね!」がついている。(「夕刊アメーバニュース」二〇一二年一二月二三日)

首相の秘書官や本人に、私は「常に安倍晋三を批判し続けもはや精神科医よりも安倍批難が本職になりつつあ」り、さらに「論外」とまで言われているのだ。

†日本社会のパターナリズム

二〇一五年六月二五日、人気作家の百田尚樹氏が、安倍晋三首相に近い自民党の若手国会議員ら約四〇人が、党本部で開いた憲法改正を推進する勉強会「文化芸術懇話会」で講師をつとめた。講演やその後の質疑応答で百田氏は、市街地に囲まれ世界一危険とされる米軍普天間飛行場の成り立ちを「もともと田んぼの中にあり、周りは何もなかった。基地の周りに行けば商売になると、みんな何十年もかかって基地の周りに住みだした」と述べ、基地の近隣住民がカネ目当てで移り住んできたとの持論を展開した。また、議員から沖縄の地元紙が政府に批判的だとの意見が出たのに対し、百田氏は「沖縄の二つの新聞は本当潰さなあかん。あってはいけないことだが、沖縄のどこかの島でも、中国に取られれば目を覚ますはずだ」と主張した。

この発言が新聞などで大きく取り上げられ問題になったが、百田氏はその後、雑誌のインタビューなどに答え、問題になった発言じたいは「私的な会合」で「一民間人である私」が発した「冗談」なので、騒ぎになることに「怖さすら感じ」ること、しかし沖縄二紙に関しては「本音でいうと、沖縄の新聞は嫌い」「『潰れてほしい』と思っているのは事実」ということを繰り返し述べた。

さらに、百田氏を批判するメディアや評論家に対して、逆に「マスコミやジャーナリストや文化人たちが百田尚樹をつぶそうと躍起になっていています」「サヨクの言論弾圧」と自分が被害者であることをツイッターなどで主張した。

また編集者の花田紀凱《かずよし》氏のように「百田氏には言論の自由はあるでしょう」「世間を敵に回してでも、自らの主張を展開できるのが表現の自由なのです」と「言論の自由」の観点から、百田氏を擁護する人たちも少なからず現れた。

百田氏は安倍総理と親密な関係と言われ、二〇一三年には対談本も上梓している（『日本よ、世界の真ん中で咲き誇れ』ワック）。〝安倍応援団〟的な色合いの勉強会での講師を依頼されたのも、その関係性が肯定的に評価されてのことだろう。たとえそれが非公開の約束だったとしても、だとしたら何を言ってもよいのか。またそこで名指しで批判された沖縄の新聞や沖縄県民が反発し、その動きに共感した文化人らが発言しただけで、「自分をつぶそうと躍起になっている」などと逆襲するというのはどういうことだろう。

それと比較しても意味がないことかもしれないが、先の安倍首相本人や秘書官に揶揄、批判された私や他の有識者には、「言い返す」という対話の回路は用意されていなかった。突然、首相から「論外」と言われても、「権力を持った人がそんなことを言うものではない」とたしなめる人も少なかった。それどころか、多くの安倍ファンは「いいね！」と賛同したりツイッターでさらにそれに輪をかけた攻撃的な言葉をこちらに投げかけてきたりして、こちらはそれに耐えるしかない状況だったのだ。

権力を持たない側が批判すると「失礼、不謹慎」「言論弾圧」とされ、権力を持つ側やそれに近い側からは民間人に対して何を言っても「言論の自由」のひとことで容認される。

本来、メディアや評論家は権力を監視し、批判する役割を担っていたはずだが、今や権力とその監視者は対等どころか、関係性が完全に逆転してしまっているのだ。

権力者が非権力者を監視し、批判し、非権力者は何を言われても言い返せない。しかも、そこにあるのは専制政治のような恐怖ではなく、「これほど国民のことを考えて奔走してくれる総理がいましたか？　あんたのようなシロウトが足を引っ張るのは国民への迷惑だ。黙ってまかせておけばいいんだよ」という、ある意味での全幅の信頼だ。

これは、典型的なパターナリズム（父権主義）とも言えるが、もはや関係はそのレベルを超えた倒錯的な次元に突入しているようにも思える。

パターナリズムとは、辞書的に言うと「当人の意思に関わりなく、当人の利益のために、当人に代わって意思決定をすること。父親的温情主義、父権主義などと訳される」ということになる。とくに医療の場では、このパターナリズムが長らく主流であり、「患者の最善の利益の決定の権利と責任は医師側にあり、医師は自己の専門的判断を行なうべきで、患者はすべて医師に委ねればよい」という考え方が「医療パターナリズム」と呼ばれてきた。

しかし、当事者の自発性や自己決定を否定するパターナリズムには次第に批判が高まり、今や医療の現場ではこの考え方は完全に崩壊している。アメリカでは七〇年代以降、日本でも九〇年代には患者自身も医師や看護師と同じ「治療チームのメンバー」の一員となり、十分な説明を受け、方針の選択や決定に加わるというのが原則だ。医療の場のみならず、教育の現場にあったパターナリズムも同じように崩壊しようとしており、今では強権的な教員の発言は「アカデミックハラスメント」として告発の対象にもなっている。

このようにパターナリズムはさまざまな場で問題視され、解体されつつあるにもかかわらず、日本社会では「政府と有権者」、つまり権力を持つ側と持たざる側との間に存在するパターナリズムはむしろ強化の一途をたどっているのである。

その背景にあるのは、「親（的なもの）は悪気があって権力を振りかざしているのではない」という素朴な信頼、そして「逆らわずに従っておいたほうがラク」という主体性の放棄であろう。また親（的なもの）も子ども（的なもの）が自立して自分の意見を言い出すよりも、おとなしく従っていてくれたほうがよい、と思っているのではないだろうか。

このようなパターナリズムという権力構造さえ見えなくなるくらいの圧倒的なパワーの差と非対称的な関係の基本は、家庭内にも出現しようとしている。

†「分離不安」におびえる親たち

従来、「分離不安」といえば、「母子関係において子ども側が母親と離れることを過剰に恐れる心理」ととらえられ、子どもの心の発達という観点で考察されてきた。しかし近年、発達心理学では「『親』の発達」も大きなテーマとなっており、「母親側の分離不安」にも注目が集まりつつある。この分野で「母親の分離不安」は、「子どもを残していくことについての母親のさびしさや心配、罪悪感といった不快な感情」と定義されている。

この問題を研究している発達心理学者の角張《かくばり》慶子氏は、「幼児を持つ母親の分離不安」という論文でこう述べている（『東北大学大学院教育学研究科研究年報』第51集）。

「母子の関係は母が子どもの世話をする（子どもが母に依存する）という一方向のものではなく相互的なものであることを考えると、母親が養育者として自分と離れているときの子どもの状況を強く懸念するという側面と母親自身が子どもに依存しているという側面とが考えられる。」

そして、「懸念する側面」は「心配」という感情に、「子どもに依存している側面」は「さびしさ」という感情につながると言う。さらに、「心配」は過保護・過干渉に、「依存」は子どもだけがよりどころという状態につながる、ともするのである。角張氏は実際に幼い子どもを持つ母親への調査から、この「母親の分離不安」を軽くするのに役立つ要因として、「夫からのサポート」や「日常での会話の多さ」などをあげている。

いずれにしても「子どもが次第に自分から離れることで母親も過剰なさびしさを感じる」という視点は、以前はなかったものではないだろうか。

もちろん、この「母親の分離不安」は、子どもが息子でも娘でも起きるはずだ。実際に二〇一三年五月二三日には、「息子の親離れに戸惑う母」の声が朝日新聞で紹介され、大きな話題を呼んだ。一部を引用しよう。

「息子に『失恋』　母の傷心　『見るな』とにらまれ／女子のメールに嫉妬」

記者（四三）は近頃、まるで失恋をしたような気持ちで日々を送っている。反抗期に入った中学一年の一人息子に『ウザイ』『キモイ』と遠ざけられているからだ。自分を誰より慕ってくれた男の子。一緒に買い物に行けば、きゅっと手を握りしめてきた『小さな恋人』。その手のひらを返したような態度に心は痛む。聞いてみると、周りにもそんな気持ちを抱く母親たちがいた。」

記事には、「夫は無口なのに息子はなんでも助言してくれた」とか「食事をほめてくれた」といった母親たちによる〝息子自慢〟が語られるが、それも〝今は昔〟。やさしかった息子の態度は突然、変わり、母親たちは次のように嘆くことになるのである。

「今では反抗の嵐。『本当は息子も私のことを好きなのよ』と何度すり寄っていっても冷たくされ、永遠にふられ続けている気分だ。『息子に注いできたものを全力で否定されている。息子を好きと思うのも、自分の分身と思っていたからかも……』と寂しくなる。」

実はこの記事を書いた記者から取材の申し込みがあり、私は「思春期に自我が芽生え、息子が母親から離れて行くのは順調に成長している証」といった常識的なコメントをした。そして内心、「『息子に失恋』だなんて、そんなあからさまな言い方に共感する人は少ないのではないか」と思っていた。

ところが先ほど述べたように、この記事に対して「私もそうです」といった母親たちからの投書が殺到、急遽、第二弾が組まれたほどであった。またその後も同じテーマで他紙や月刊誌が特集を行うなど、「息子に失恋する母」はちょっとしたブームのようになっていったのである。そこでは、「子どもの自立を喜ぶべき」「そもそも息子に恋心を抱くのはおかしい」といった批判はほとんど見当たらない。

子どもが親に依存するのではなく、親側が子どもに依存し、「できれば手もとから離れていかないでほしい」と願っている。子ども側がそれに反発して「やめてくれよ」と出て行くならまだよいが、中には「そんなに言うなら」といつまでも親もとで「母親の恋人」を演じ続ける人もいるかもしれない。そうなると、先のパターナリズムというより、親子一体の融合体ができ上がり、どちらが支配し支配されているかわからない構図になっていく。

†『巨人の星』世代の特徴

いまだに野球漫画の傑作とされ、何度もリバイバル復刊されているのが梶原一騎原作、川崎のぼる画の『巨人の星』だ。

言うまでもないことだが、『巨人の星』の星飛雄馬に野球を教えたのは、父親の星一徹。呼び方こそ「父ちゃん」のままだったが、一徹の鍛え方の凄まじさ、容赦のなさは並大抵ではなかった。激しい練習に倒れて意識を失えば水をぶっかけ、大リーグボール養成ギブスなる拘束具の装着を義務づける。いまなら児童虐待と見なされるほどのスパルタだ。

まさにわが子を千尋の谷に突き落とす獅子のような父親の教育に、飛雄馬はしばしば反感を覚え、次第に父のもとから離れて行こうとする。すると父親は、飛雄馬のライバルチームのコーチを引き受け、新しい弟子に〝息子打倒〟のための秘策を授けたりするのだ。ここまで来ると、「すべては息子を一流の野球選手にするため」とも言えなくなってきて、「一徹は本当に息子が憎いのではないか」とさえ思えてくる。それほどまでに、この父親と息子の関係は厳しく激しいものであり続けるのだ。

おそらく、いま中年期にさしかかる『巨人の星』ファンにとっては、こういう父子関係は現実離れしているとはいえ、まだギリギリ想像の範囲内にはとどまっていたのだろう。実際に星一徹に近い父親や教師を身近に持ち、心の奥では敬愛の念を抱きながらも、「いつかはこんな奴のところから出て行ってやる!」と憎しみの炎を目に宿した記憶のある人もいるはずだ。それは、「オヤジにはかなわないのかなぁ？」と息子が師匠である父親の偉大さをあっさり認めるいまの親子のあり方と、いかにかけ離れていることか。

たとえ「こうやって親に依存し続けていていいのかな」と感じても、「厳格な親子関係が絶対に正しいのだ」と言い切るだけの自信は、『巨人の星』世代にはないのである。もしかしたらそれは、厳格な父親に甘えることもできず、反発を感じながら大人になったものの、結局、世の中は不況になり自分も思った通りの人生を歩めなかったじゃないか、という彼らの不満と関係しているのかもしれない。いまの親子関係がよいかどうかはわからない、でも、自分の少年時代の親子関係がよかったとも言い切れない。どこに正解があるのか、いま社会の中核となって活躍しなければならない世代が見つけられずにいる。そういう彼らは、少年時代に好きだったコミックをもう一度読み返したり、当時のヒーローものフィギュアを必死に集めたりして、声なき層となってノスタルジックな世界に閉じこもるしかない状況に追い込まれているのだ。

†エディプス・コンプレックス

ここで漠然と『巨人の星』世代と呼んだのは、個人差はあるものの、いま四十代後半から上は六十代くらいまでの人たちのことを指している。彼らが、この時代に親子関係における正解を見失い、沈黙したまま自分の郷愁世界に引きこもりがちになるのに対し、もっと若い世代はまったく屈託なく父親の偉大さを認め、素直にその後に従い同じ道を歩む。

最近、二世タレント、二世作家と呼ばれる人たちが、あちこちで活躍をしている。「作家の息子が作家に」などというのは昔から少なくなかったが、いまの二世たちの特徴は、「○○の子ども」ということをデビュー当初から声高に語っていることであろう。ペンネームや芸名ではなく親と同じ苗字を使い、あえて「○○の子ども」であることを強調している人も少なくない。

歌舞伎や能といった伝統芸能の世界では世襲があたりまえであるが、同じ芸能でも歌手や役者、あるいは作家などの場合は、親の築いた名声をそのまま子どもが受け継ぐことは「親の七光」と呼ばれて否定的に見られたはずだ。それに、子どものほうとしても、自分の実力で成功したのに「親のおかげだ」などと言われては、おもしろくない。だから、同じ文学の道を歩んでも福永武彦の息子が「池澤夏樹」と、斎藤茂吉の息子が「北杜夫」と名乗ったように、あえて別の名前を用いたり、インタビューで親のことを尋ねられると、「関係ありませんよ」と抵抗を示したりする例も少なくなかった。

それが父親と娘である場合は抵抗はまだ少なかったが、それでもかつて小説家の吉本ばななが文学賞受賞の際、父親である評論家・吉本隆明をいっしょに登壇させたときは、社会的な事件であるかのように話題になったものだ。

では、そもそも『巨人の星』的な親子関係、つまり父親と息子が支配したりされたり、あるいはライバルや敵どうしのように憎しみ合ったり、という関係は、どうして生まれるのだろう。

精神分析学の祖・フロイトは、この関係こそが人間の心理を解明する上での鍵となると考えた。父親に敵意を抱くと同時に、父親からの威嚇に脅えるといういわゆるエ

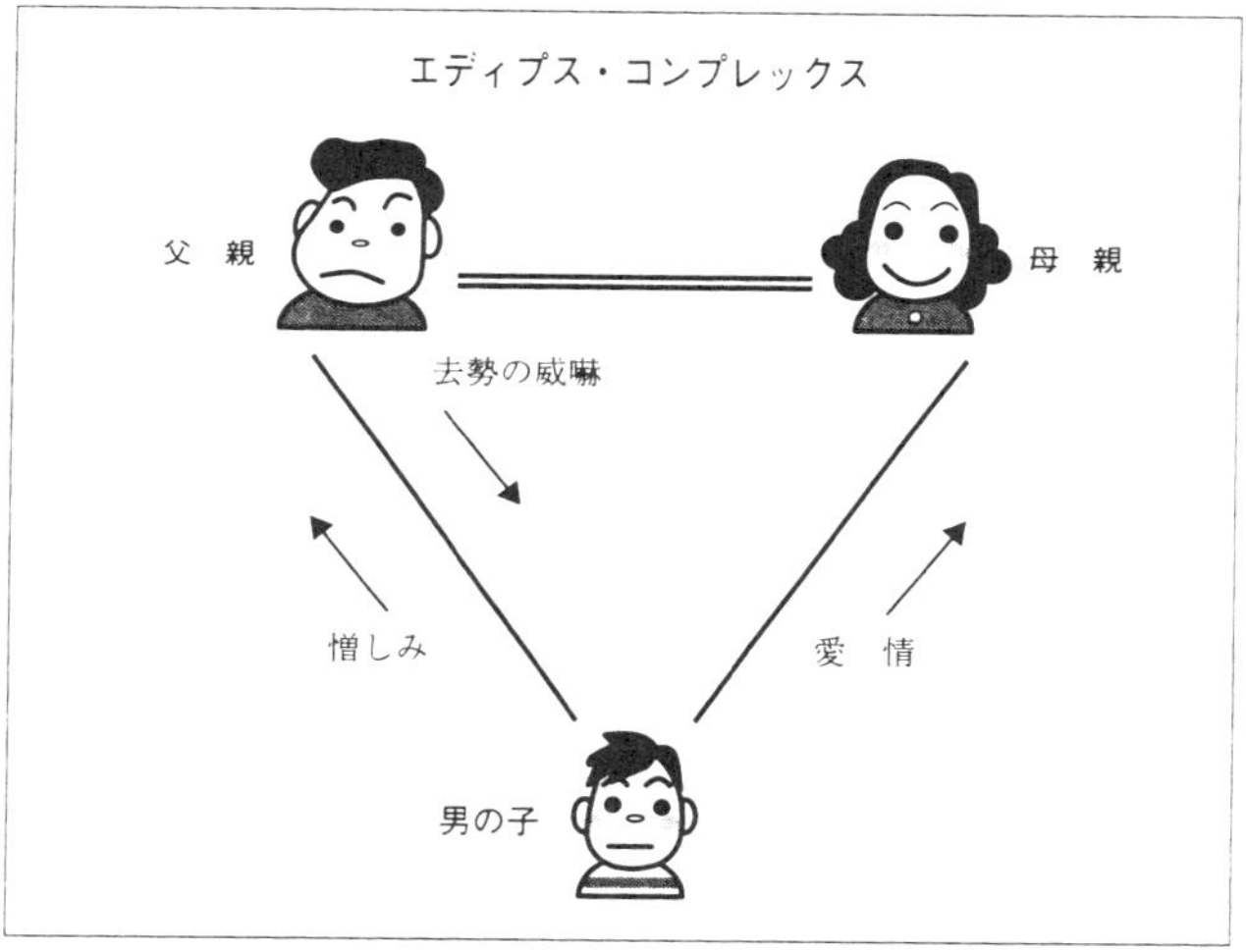

ディプス・コンプレックスだ。ただ、正確にはエディプス・コンプレックスは、父親と息子だけの間にではなくて、「父、母、息子」のエディプス三角といわれる構造の中に生まれる。息子が父親に憎しみを抱き、威嚇を畏れる原因になるのは、母親への近親相姦的な愛着だといわれる。エディプス葛藤が最も活発になるのは三歳から五歳ころまでで、その後、息子は母への異性としての愛をあきらめて、父親からの威嚇をより象徴化された規範やモラルという形で自分の中に取り込むといわれる。そうやって内在化された〝父の恐

怖〟は超自我と呼ばれ、それに従うことで人は一生、良心的、道徳的に振舞うことができるようになる。店員が見ていなくても万引きをせずにいられる、などというのもこの超自我の機能だと言ってよい。

†尾崎豊に見る「エディプス葛藤の再燃」

では、五歳までのいわゆるエディプス期を過ぎれば、人は父親の支配や恐怖から解放されるかといえば、それは違う。星一徹のように実際に支配的、威圧的な父親を持った場合は、その恐怖はより長く続くわけであるし、たとえそうでない場合でも、一度、経験されたエディプス葛藤は、さまざまな形でその人の人生に間歇的に顔を出すことになる。学校に入って頑固な教師と出会ったとき、社会の理不尽さに直面したときなど、若者が必要以上に畏れや怒りを感じるのは、このエディプス葛藤が呼び起こされることと関係している。

二十六歳で世を去った歌手の尾崎豊は、一〇年余りの音楽活動の中で、繰り返し管理社会や大人への反発を歌ってきた。「この支配からの卒業」というリフレインで知られる尾崎の代表曲『卒業』の歌詞には、こんな一節が出てくる。

人は誰も縛られた　かよわき子羊ならば
先生あなたは　かよわき大人の代弁者なのか
俺達の怒り　どこへ向かうべきなのか
これからは　何が俺を縛りつけるだろう
(JASRAC出1513102-501)

具体的には校則などで縛られた高校からの卒業を歌った曲だと思われるが、それにしてもここに表現されている怒りや不満の感情は、並大抵のものではない。おそらくここにも、「自分の欲望を制限し、力で威圧しようとする父親」との間で経験されたはずのエディプス葛藤が関係しているはずだ。実際のエディプス・コンプレックスは幼児期にひとまず乗り越えられていたとしても、思春期になって自立の意識が芽生えてくると、世間や社会、学校や組織がすべて、かつて父親がそうしたように自分の自由を奪うものとして、立ち現れてくる。尾崎が「十代の代弁者」と言われたのも、それだけ管理・支配されていた若者が多かったというより、思春期の少年ならだれもが多かれ少なかれ経験する「エディプス葛藤の再燃」を彼が見事にとらえて、歌ったからであろう。

しかし、その尾崎の怒りや不満は、いまの少年たちにはよく理解できないものらしい。大学でこの『卒業』や『15の夜』といった尾崎の代表曲を十八、十九歳の学生に聴かせて感想をきいたところ、多くの学生が「何を怒っているのかわからない」「ひとりよがりの詞で不愉快だ」などと否定的なことを述べた。かろうじて「いい曲ですね」と答えた数人の学生も、ほとんどは「声が魅力的だから」という理由で肯定したにすぎず、歌詞の内容に共感できると答えた学生は、約一〇〇人中わずか二人だけだった。

彼らには、エディプス葛藤の再燃は起こらないのだろうか。いや、もしかすると、幼児期にそもそもエディプス・コンプレックスを体験していない子どもが増えているのではないか。そういう大胆な仮説さえ、ふと考えたくなってしまうような結果だった。

†二世万歳——小泉親子の謎

ここまで見てきたように、精神分析学の考えからすれば、息子が父親に憎しみを抱き、父もまた息子に寛大に接することができず、そのうち両者が離反してしまったとしても少しもおかしくはない。実際の父親が威圧的な人でない場合も、すんなりその跡を継ぐことに抵抗を感じたり、周囲から「お父さんのおかげで成功した」と言われると不快になったりするのも、かつて父親が敵でありライバルであった時代の遠い記憶が刺激されるからだ。まして、父親が偉大であればあるほど、余計に脅威を感じ、反発したりあえて別の道に進んだり、というのはごく当然のことと言える。

たとえば、作家にして精神科医の北杜夫は、結果的には父親の斎藤茂吉や兄の茂太と同じような道を歩むことになったのだが、そこに至るまではさまざまな紆余曲折があったことは、エッセイの「どくとるマンボウ」シリーズに詳しく記されている。受験勉強を怠けて親の期待通りの学校には入れなかったり、医者になってからも実家の精神科病院を継ぐ気にはなれず外洋船の船医となって乗り込んだり。作家としてデビューした後も、〝茂吉の息子〟と呼ばれるのを避けるかのように、コミカルなエッセイを発表し続けた。

しかし、いま二世として父親の築いた土壌の上で嬉々として活躍しているタレントや作家には、エディプス・コンプレックスはその名残りさえ見ることがむずかしい。そのことが最もよくうかがえるケースが、「現役宰相の息子」というこれ以上ないほどの〝七光り〟を浴びながらデビューしたタレントの小泉孝太郎氏とその弟で現政務官の進次郎氏だと言える。

長男の孝太郎氏は、二〇〇〇年春に石原プロモーションが行った「二十一世紀の石原裕次郎を探せ！」の新人オーディションに応募したことがきっかけで、マスコミにその存在が注目されるようになった。しかし最終選考に残ることなく落選した当時は、「コイズミの息子が応募したという噂がある」と半信半疑で語られていたにすぎない。その時点でも何かの記念に応募してみたのではという受け取られ方が大半で、まさか本気でタレントとしてデビューを考えていると思った人は少なかったはずだ。そして

新発売の発泡酒を紹介する小泉孝太郎氏　2001年 9 月 4 日東京都港区

街頭演説を終え、握手攻めにあう小泉進次郎氏　2012年12月 7 日大阪ミナミ
（提供：共同通信社）

翌二〇〇一年四月に小泉純一郎は内閣総理大臣となり、誕生した小泉内閣の人気は急上昇。マスコミの取材は当然、首相の家族にも及んだが、「息子がタレントに」などという噂はそのまま立ち消えになるかと思われた。

ところが、「芸能事務所に所属した」「演技のトレーニングを開始した」と噂がどんどん具体的になっていたのは、それからのことであったのだ。後のインタビューに答えて孝太郎は言う。「やっぱりだめかと、俳優の道をあきらめかけていたところに、マスコミが俳優志望の自分のことを報じ始めて、注目されるようになったんです。チャンスが来た、と思いました。こんなチャンスはもう二度とないって思った」。

間もなく彼は、マスコミの前に「タレントとしてデビュー予定の小泉孝太郎」として姿を現し、インタビューに明るい口調で今後の予定などを語った。もちろん、話は父・小泉首相のことにも及んだが、にこやかな表情を変えることなく「はい、父も応援してくれています！」と語った。大学を中退してタレント業に専念するという息子に、父親から反対めいたことばはまったく聞かれなかったという。

一方、父親の小泉純一郎氏のほうも官邸に集まった取材陣から孝太郎のデビューのことについて水を向けられると、「まあ、しっかりやってほしいね」と笑顔で語った。その後も、何かにつけて長男についての話題を向けられた小泉氏だったが、一度として「タレントの息子の話などしないでくれ」といった拒絶的な態度を取ったという話は聞かない。私自身、孝太郎氏とテレビの仕事で同席したことがあったが、どんな話題を振られてもニコニコ笑顔で応じる姿が印象的だった。

さらに、弟の進次郎氏は父親の地盤を受け継いで政界入りしたいわゆる世襲議員だが、この兄弟はとても仲が良く、いまでもときどきいっしょにゴルフに出かけていると聞く。二〇一五年一一月にも、進次郎氏は「(父の)まねはできないですからね。息子でも無理」と、父親への尊敬を隠さない。

この父親と息子たちは、従来のエディプス・コンプレックスの理論では、どうやっても説明することができない。政治家の家系に生まれたことへの反発として、柔らかい芸能界入りを決意したと解釈することもできないではないが、孝太郎氏は「一時は父親に憧れて政界入りも考えた」と明言しているのである。それに、もしタレントへの道が父親の権威への反発だとしたら、「小泉」という名前をそのまま使うことはまずありえないだろう。また、すんなり政界入りした弟への嫉妬などがあってもよさそうだが、それも感じられない。

もちろん小泉家の場合は、純一郎氏が離婚を経験している関係で母親の存在が希薄なので、「母親をめぐっての父親との競争」という本来のエディプス三角はたしかに成立しない状況にあったとは思われる。とはいえ、三十代のきょうだいふたりとその父親がここまで仲睦まじくお互いをほめ合い、持ちつ持たれつの関係を築いている姿は、上の世代から見ればやや不思議に映るはずだ。しかもこの場合、父親はある意味、〝日本一の権力者にして有名人〟なのである。そういう親に対しても反感や反発を覚えない孝太郎氏や進次郎氏を見ていると、「エディプス・コンプレックスそのものがまったく経験されないまま、ここに至ったのではないか」と本気で考えたくなってくる。

また、そういう「オヤジ大好き」の小泉孝太郎氏や進次郎氏に対して、「いい年齢の男が情けない」などと苦言を呈する声はいっさい聞こえてこない。それどころかふたりともそれぞれの世界での評判がとても良く、「さわやかで腰が低い」「勉強熱心で尊大なところがない」などと手放しでほめる人も少なくない。

エディプス・コンプレックスが欠如した若者に世間が違和感を持たないということは、もしかするとこれは、小泉親子に限ったことではなくて、世の中一般に広がりつつある傾向だと推測することも可能なのではないだろうか。先の尾崎豊に対する若者の冷めた反応も、このことからうまく説明することができる。

†「父の娘たち」の生きづらさ

先に吉本ばななの例をあげ、「父親の跡をつぐ娘」について触れたが、子どもが女の子である場合、エディプス状況はやや複雑である。なぜなら父親は、母親と幼児の自分の幻想的なまでの一体化した関係を切断するものであると同時に、異性愛の対象にもなりうるからだ。したがって女の子の場合、母親を独占することで受ける父親からの処罰の恐怖は、男の子ほど強くはないといわれる。もちろん、女の子も規範やルールを内面化して超自我を形成するところまでは同じなのだが、そこまでの過程にもそれから進んで行く道にも男の子と違ってふたつの選択がある、と精神分析学者の南美奈子は言う（ここに出てくる「タナトスの象徴化」を、ここではとりあえず「超自我の形成」と同じと見なしておくことにする）。

女の子の場合は、母親の唯一の bébé（フランス語で赤ん坊の意）であるという自己愛が危機にさらされる時、母親のように bébé を産む者になりたいという望みと、父親のように母親の完全なエロス（＝母性愛）を守る者になりたいという望みの二つの道が開かれますが、この二つの道が男の子の場合のようにポジ、ネガといった関係にはなくて、したがってどちらかがどちらかを封印（もしくは〝抑圧〟といってよいのかもしれませんが）する関係にはなく、どちらの道もそれぞれに葛藤を含むのですが、どちらの道においてもタナトスが最終的に父親において象徴化されることでコンプレックスは終結します。（中略）母親のようになる道も、父親のようになる道も、不可能として無意識に封印されることはなく、二つの性の選択肢がそのまま思春期まで持ち越されることになります。この点が男の子と女の子の場合の大きな違いとなっています。

（「女の子のエディプス・コンプレックスについて」『imago』一九九四年十月臨時増刊号）

しかも、たとえ思春期以降に「父親のようになる道」を選んだとしても、父親は娘の決意に「自分の跡を継いでくれる息子がわりだ」と喜びながらも、「かわいい娘」や「母親のかわりをしてくれる女」の役割も無意識のうちに要求してくることが多い。そのため娘は、「いわゆる〝男並みに〟仕事もできてかわいい女」という離れ業に必死で取り組まざるを得なくなる。なまじ選択肢が用意されているために、自身でも「これでよかったのだろうか」と折に触れて自問してしまう。二世の息子たちが屈託なく「オヤジ大好き」を表明するのに対し、「父の娘」たちが窮屈すぎる生き方を貫いてしまったり、逆に奔放な恋愛でトラブルを起こしたりしがちなのはそのためである。

父フロイトの期待通り精神分析学者になった娘アンナを指して言われた「父の娘」ということばから連想するのは、二〇〇二年に世を去った矢川澄子の著作『「父の娘」たち――森茉莉とアナイス・ニン』（新潮社・一九九七年）に登場した森茉莉や、檀ふみ、阿川佐和子などの名前だ。父親の名誉を必死に守ろうとするためか、〝身内中心主義〟が暴走にもつながった田中眞紀子は、最も忠実な「父の娘」と言える。最近では、大塚家具で創業者の父親の〝お家騒動〟で話題になった大塚久美子社長などもある意味、「父の娘」だ。

ところが、息子と娘の役割を両方選ぶことを悲壮にも決意した従来の「父の娘」たちとは異なるタイプの女性二世タレント、二世作家、二世政治家などが、最近目立ち始めた。たとえば、松たか子、江國香織、小渕優子、関根麻里、杏、三船美佳などがそうだ。彼女たちはそれぞれ父親の跡を継いでいるとはいえ、そこには「たとえ女性としての幸せを投げ捨ててまでも、立派な跡取りとして生きる」といった構えは感じられない。やさしい父親、立派な父親に守られながら、あくまで「かわいい娘」の範囲で社会的な地位を築いている。もちろん、女性としてのおしゃれや恋愛なども忘れない。屈託なく父親にかわいがられた思い出を語り、いっしょに舞台やテレビ番組に登場することにも抵抗はない。

男の子の場合とはまた異なるが、「父の娘」の背景にも間接的に関係していたエデ

主な二世有名人

二世有名人（五十音順）	親
阿川尚之、佐和子	阿川弘之（故人）
杏	渡辺謙
石原伸晃、良純	石原慎太郎
IMALU	明石家さんま、大竹しのぶ
宇多田ヒカル	藤圭子（故人）
江國香織	江國滋（故人）
小渕優子	小渕恵三（故人）
神田沙也加	松田聖子
小泉孝太郎、進次郎	小泉純一郎
坂口憲二	坂口征二
関根麻里	関根勤
高橋真麻	高橋英樹
田中眞紀子	田中角栄（故人）
檀ふみ	檀一雄（故人）
長嶋一茂	長嶋茂雄
松たか子、市川染五郎	松本幸四郎
松田龍平、翔太	松田優作（故人）、美由紀
三船美佳	三船敏郎（故人）
森茉莉（故人）	森鷗外（故人）
森山直太朗	森山良子
吉本ばなな	吉本隆明（故人）

（編集部作成）

ィプス・コンプレックスの影が、ここにも感じられない。

つまり、子どもが息子であろうと娘であろうと、父親へのエディプス葛藤や母親も含めたエディプス三角が関与しないルートで、「お父さんのこと大好きだし、せっかく名声や地盤があるのだから」という無邪気な理由でその跡を継ぐ。

こういう屈託のない二世たちが、急激に増加している気がするのだ。

タレントや作家に限らなくても、事態は同じようだ。ある新聞社で記者をしている知人が、「最近は新入社員やバイトの若者に二代目が増えた」という話をしてくれた。四十代半ばの知人の頃は、新聞記者をめざす若者は権威、権力に反発するタイプが多く、「自分の跡を継げと言う父親の反対を振り切って入社した」という同僚も少なくなかった。まれに「父親も記者」という人もいたが、それでもあえて父とは別の新聞社を選ぶケースがほとんど。ところがここ数年、状況は様変わり。「父を見ていていい会社だなと感じて入社した」と言ったり、中には「父の知り合いが多いから有利だと思って」と半ば公然とコネを口にしたりして入社して来る新入社員が突然、多くなった。「短期のバイトなんかほとんど全員がお偉いさんの息子や娘で、コピー取ってよ、と気軽に頼むのも気が引けるし、困ってるんですよ」と知人は苦笑いした。「ふつう、親が重役だったりすると、まわりに気を使わせちゃいけないから、と隠しそうでしょ？　でもいまの子たちは平気で、うちのパパがー、なんて自慢げに言うから、いっそう用事頼みにくい」。

彼らもまた、何かのコンプレックスの克服や乗り越え、あるいは再燃などを経て、「親と同じ道」を選んだわけではなくて、もっと単純に「親の力が使えて便利」「大好きな親のいる会社」というだけで二世社員となっただけなのだろう。

†なぜ「屈託のない二世」が生まれるのか

学生たちに、こういう「屈託のない二世」をどう思うか、尋ねてみた。すると、一〇〇人中五三人が「いいと思う」と積極的に肯定、好感の感情を表明したのだ。そのほかの人たちの中でも、「許せない」「バカらしい」と否定的な反応を示したのは、わずか八名。あとは「本人も努力しているならいい」「芸能人はいいけれど政治家はあまり好ましくない」など〝条件つき肯定〟だった。これがいまの若者の一般的な意見を反映しているとするならば、彼らは「エディプスなき親子関係」やその結果として、社会の中で親の力を使って有利なポジションを得ることを、抵抗なく受け入れていると考えてもよいのだろうか。

精神分析の現場でも、「父親を中心とした家庭内物語」、エディプス・コンプレックスやその抑圧による葛藤が従来のように主要な役割を果たさなくなってきたことが、精神分析学者の牛島定信によって指摘されている。そのかわりに目につくのはエディプス以前、母親との一体化の時期に生じる問題が病の原因になっているケースだという。古典的な精神分析でいうヒステリーに相当すると思われる女性の症例を紹介しながら、牛島はこう述べる。

この症例の特徴は、母親に支配され屈服させられ、じゃれたりぐずったりした体験はないのであるが、そうした体験を与えられなかったことに対する怒りや恨みといったものが人格から切り離されてしまっていることである。一般に分裂現象と呼ばれている。フロイトがヒステリーにみた辛い体験を無意識の世界に抑圧してしまう心のからくりとはほど遠い心理機制である。辛かったであろう体験が人格の内部に留まれないのである。(『現代精神分析学』放送大学教育振興会・二〇〇〇年)

ここで注目したいのは、「母親の支配」ということよりもむしろ、「辛い体験を抑圧できずに切り離す」というところだ。エディプス葛藤も、親子の争いのそのままの形でではなく、抑圧されて姿を変えて再び表面に現れてくるからこそ、コンプレックスとなってその人の人生に長くかかわるテーマになりうる。ところが、無意識の奥に抑圧される間もなく、「あ、これは自分にはしんどいな」と思った瞬間にそれを人格から切り離してしまえば、コンプレックスすら成立することはない。

そう考えれば、エディプス・コンプレックスの影が薄くなりつつあるのは、単に「母の支配力が増して父親の権威が失墜した」などといった社会的な原因によるのではなくて、子ども側にそもそも何かをコンプレックスとして人格の内部に貯蔵するだけの心の体制が作れなくなったから、という本質的な心の変化が原因にあるのかもしれない。

牛島が紹介した症例のように実際に生活に支障を来たすような症状が出現して治療を必要としているのに、分析の基本になるエディプス・コンプレックスが見当たらない。そういうケースの治療の困難さについても牛島は触れている。

フロイトが一九世紀末に経験した症例は、父親と母親と子どもの三者関係で展開されるエディプス・コンプレックスが主要な役割を果たしたものであり、それは無意識のなかに隠れた出来事を意識化することで解決できたが、今や、母親の温もりの再体験を必要とする症例となっている。(前掲書)

二世タレントに二世社員？　いいんじゃないの？　と若者がすんなり受け入れる現在の状況の背景には、「人間の心の仕組みの本質的な変化」という意外に深い問題が隠れているようだ。

さてここで、牛島の症例が「切り離し」という心のメカニズムの結果、生まれたものは「症状」であった。そうだとすれば、親への反発や抵抗の時期もなく、「お父さんと同じ会社を受ければ有利でしょう」と二世の道を歩む若者がコンプレックスやそれを生む複雑な心のプロセスと現在との「切り離し」を行った結果、生まれるのが「屈託のない二世」という選択なのではないか。そしてそれは、前の章で述べた歴史との「切り離し」の結果、「ニッポン大好き」というぷちナショナリズムともどこかでつながっているのではないだろうか。その問題については、第三章で検討してみたい。

そして、「屈託のない二世」が肯定されることにともなって、もうひとつ大きな問題が浮かび上がってくる。それは、親のコネクションや名声を利用して二世になれる人だけが有利で、そうでない人は著しく不利になってしまう、という機会の不平等の問題だ。これまで、日本は一応、平等でだれにも同じくチャンスが与えられている社会、ということになっていた。ところが、二世が社会で広く認められるとなれば、生まれたときからチャンスの大小もほぼ決定されていることになる。すると、〝生まれ〟によって格差がつくという日本が最も望まない社会に、どんどん近づいていくことになるのではないか。この問題は、また別の機会に考えてみることにしよう。

第三章

日本は「本当のことを言える国」か？

†"見えないエディプス"の存在

精神分析医にしてフォークシンガーとしても活躍したきたやまおさむ氏の本に『みんなの深層心理』（講談社）という一冊がある。刊行されたのは一九九七年であるが、収録されているエッセイが書かれたのは九〇年前後であるようだ。この本の中できたやま氏は、父親が不在で母親が子どもとの関係を支配していることの多い現在の日本の家族構造ではエディプス・コンプレックスは成立しない、という当時から出ていた批判に対して、こう答える。

しかし、今あげたような批判を踏まえた上でも、やはり僕は、エディプス・コンプレックスとは人類に普遍的なもので日本人も持っているものだと思っています。

（前掲書より）

そしてきたやま氏は、日本人にはエディプス・コンプレックスがないのではなく、父親に対する恐怖といったこれに関する問題を語りにくい雰囲気があるのだ、と非常に興味深い説を提示する。その部分を引用しよう。

それは、私たちの中では天皇制や右翼的なものが語りにくいということと関係があるのではないでしょうか。保守的な秩序《ちつじょ》を破壊しようとするものの首をはねる「番人」的なイメージを、ときに警察に対して私たちは抱いています。私たちの天皇は母親的である、とはよく言われることですが、天皇という母親と一体化しようとする私たちが、その間に割って入ろうとする「番人」的なものや「憲兵《けんぺい》」的なものに残酷さを感じる時、そこに三角関係が見出せます。

言いたいことを言うと追放されるし、たてつけば殺されるかもしれない。このような恐怖を常に持っているからこそ、みんなして言うことをきき、おとなしく暮らしているのかもしれません。番人が見ていないところでは適当に遊んでいても、いざという時にはみんなで整列して右を向いてしまうのは、このエディプス的構造を誰も語れないし、どうしようもできないからだと思います。（前掲書）

つまり、エディプス構造はないわけではなく、むしろ「語ることさえ許されないもの」として私たちの社会や心の中の〝見えない脅威〟になっているので、私たちは問題を母親にすり替えて語っているということだ。

日本は、言いたいことを言い、やりたいことをやれる国ではなかったのか。たしかにこの説を裏付けるようなエピソードは、現在も事欠かない。

少し前の話になるが、二〇〇一年、経済団体の大きな会議に出席するために日本代表団の一員として中国を訪れた女性実業家は、こんな話を教えてくれた。会議の日程が終了し、打ち上げパーティの席上で、日本側の代表が「次回はぜひ日本で開催したい」と中国の経済人たちに訪日を呼びかけた。すると、中国側の代表が「それはありがたいが、(そちらの)社会主義がうつったら困りますね」と返したというのだ。

実力があればいくらでもビジネスを展開していける、ある意味で新自由主義的ないまの中国からは、逆に日本がビジネスの自由度の低い社会主義の国に見えますよ、というジョークなのだろうが、「顔が凍りついた」と彼女は真剣な表情で言った。もちろん、社会全体が何かの力で統制されているわけではないので、もし中国からのジョークに女性実業家が思いあたる部分があるのだとしたら、それはきたやま氏の言うように社会の背後やそれぞれの心の奥深くで見張りを続ける〝見えないエディプス〟によるのかもしれない。

しかし、第一章で見た通り、日本の状況は若者を中心としてかなり変わりつつある。とくに若い人たちを中心に、少なくとも「日本礼賛」に関しては、いくらでも何でも言ってよい、という雰囲気ができ上がりつつある。日の丸、君が代に対する「タブー」の感覚もなくなった。

これは、きたやま氏の言う〝見えない脅威〟としてのエディプスの締め付けが弱くなり、多くの人が「言いたいことが言える」と考えてよいのだろうか。若者の屈託のない行動の裏には歴史や深い思考との「切り離し」が関係していることも述べたが、その結果として実現している「日本って最高」「日本人は世界一」という発言で、本当に彼らは「言いたいことを言っている」のだろうか。

†若者に広がる「切り離し」

前の章では、つらい体験などをしたとき、それを人格に取り込むことなく切り離してしまう心のメカニズムが若い人に多く見られるようになった、という牛島の説を紹介した。ここで牛島が言う「切り離し」とは、分裂（スプリッティング）と呼ばれる境界性人格障害に特徴的な心理メカニズムのことを指すと思われる。それに加えて最近は、解離（ディソシエイション）というまた別の「切り離し」が関係した症例や現象も多い。

ただ、何度も繰り返すように、これまでは病理的なメカニズムと考えられてきた「切り離し」が、社会の中で大きな問題もなく暮らすふつうの若者にまで普遍的になりつつある。それが重要な問題なのだ。ここで簡単に、ふたつの「切り離し」について説明を加えてみたい。

【分裂（スプリッティング）】

個人が、感情状態を相反するふたつの領域にはっきり分断することによって、葛藤やストレスに対処すること。そうすることによって、自己イメージ、他人の評価、ふだんの感情も正反対のふたつのうちのどちらか、になってしまう。たとえば「完璧、大好き、最高、理想的、すばらしい」か、「クズ、最悪、大きらい、意味ない、バカバカしい」か。しかもそのふたつの領域のどちらがそのときのメインの感情として前面に出るかは、自分の意志では決められない。しかも、それがちょっとしたきっかけで目まぐるしく交替することもある。

こうやって極端な感情で反応することによって、自分の行動や起きた出来事を客観的に評価して受け止める、というストレスを回避することができる（たとえば、「大きらいったら大きらい。理由なんてない」というように）。

そして、この分裂のメカニズムを思考や感情の中心に置く、いわゆるボーダーラインパーソナリティと呼ばれる人たちは、多くの精神科医により「現代的な生き方を体現する者」と呼ばれてきた。その中から、精神医学者、林直樹氏の説明を引用しよう。

彼らは自他の境界が不鮮明な世界に生きている。それは容易に周囲に浸透すると同時に、周囲からも浸透される世界である。彼らが対人関係で曖昧さを嫌い直接的な結び付きを求めるのはごく自然なことである。そこでの彼らは強い親近感や一体感、逆に疎隔感や違和感を抱いたり、極端な理想化や愛着、憎悪や忌避といった対人関係の激しい動揺を示す。(中略)こうして彼らは自分自身を激しく変化させると同時に周囲に強い影響を与えるのである。

(「境界例と社会文化的背景」『精神医学レビュー』二〇号、ライフ・サイエンス)

また、この「切り離し」は、社会全体の病理になりつつある、という説もある。すなわち、かつての小泉純一郎首相やサッカーの中田英寿氏のようなカリスマ的人物が現れると、その人気が一気に高まるが、その人気は何かのきっかけがあると今度は一瞬にしてバッシングにかわることもありうる。いわゆる「てのひら返し」と言われる現象だが、人物や現象、商品に対して「大好き、最高」か「大きらい、最低」の両極端な反応しかできず、だれも冷静で客観的な評価をしようとしない、ということだ。

しかも、この評価が逆転するきっかけになるのは、ごく些細なことである場合が多い。

【解離（ディソシエイション）】

個人が、葛藤やストレスを、ふだんは統合されているはずの意識、記憶、自己同一性、環境についての知覚を分断、細分化することによって、対処すること。具体的には、葛藤やストレスを体験しているときの意識を失ったり、記憶が丸ごと消えたり、あるいは自分ではなく別の同一性を持った人格の体験としてしまったり、「現実ではなくて夢だったのだ」と思ったり、という現象として現れる。

これまでは、この解離は解離性障害という特殊な心の障害でのみ起きるメカニズムとされ、解離が人間の心の機能のどの要素に強く現れるかにより、解離性健忘、解離性遁走、解離性同一性障害（多重人格）、離人症といった疾患名で呼ばれていた。

ところが最近は、ここまで深刻なものではなくても、ちょっとした葛藤やストレスをこの解離に似たメカニズムで回避する若者が増加していることが報告されている。具体的な例をあげると、日中は大学生で夜は風俗業のアルバイトをしている若い女性で、自分のバイトについての考えをきくと肯定でも否定でもなく、「自分とは関係ない」とあっさり語る人がいる。〈私〉という統合された同一性を持った人間がふたつの顔を持っているのではなく、夜の仕事をしているときの自分は〈私〉には統合されない、解離した存在なのだ。だからそこで罪悪感や嫌悪感が芽生えることもなければ、「お金がほしいからやってもいいじゃない」という自己主張が芽生えることもない。解離された方の人格は時間的な連続性の中にあるわけでもないので、「からだに傷がつくと将来、たいへんなことになる」といった時間の流れを前提とした説得も、まったく無意味である。

このように「切り離し」には、精神医学的に言えばスプリッティングと解離、ふたつの種類があると考えられる。そして、以前は精神が特殊な病理的な状態に陥っている場合にしか見られなかったこのふたつが、いまでは「ちょっとした葛藤や面倒くさいことを避けるとき」に若い人にふつうに使われるようになっているのだ。ある意味で、もっともスタンダードな心のメカニズムのひとつ、と言ってもいいかもしれない。

たしかにこのメカニズムを使えば、深く考えることもなく何かを決めたり行動したりできるし、困ったことが起きた場合でも、それにより深く傷つくことも、心の奥深くに抑圧された葛藤が時間を経てからよみがえってきたりすることもない。

あまりあれこれ気にせずに、いまだけを楽しみながらこの現代社会を屈託なく生きていくためには、分裂と解離は必須の武器、とさえ言えるかもしれない。

しかしここで、ひとつだけ問題が残る。この分裂と解離のメカニズムを多用しながら、現代の人たちがためらいなく口にしていることは、果たして彼らが「本当に言いたいこと」なのだろうか。それはもしかしたら、「良い」と「悪い」に極端に分裂させられたうちのひとつ、あるいは解離してもともとの人格とは無縁の〈私〉が語っているだけの意見、という可能性はないのだろうか。

もし、そうだとしたら、若い人があまりにもあっさり口にする「ニッポン大好き」を彼らの真意として鵜呑みしていいものか、どうしても疑問が残るのである。

†イマジネールな社会

いまの日本は言いたいことが言える国なのか、という問題を、社会的な要因からではなくて主に最近の日本人の心のメカニズムから考えてきたが、ここでまた別の観点からこの問題を考えてみよう。

哲学者の鷲田清一氏は、そもそも国民国家という共同体というのは、「たがいに異他的であるような他者たちの共同体というよりも、むしろたがいたがいの複製であるような〈分身〉たちの共同体」でしかありえない、と述べる。

このような共同体が擬制的な存在でしかないのは、このような共同体のなかでは個の同一性の構成が、ある共通の幻想を媒介として、つねに他者性の消去ないしは廃棄というしかたで機能してしまうからである。

（『時代のきしみ――〈わたし〉と国家のあいだ』ＴＢＳブリタニカ・二〇〇二年）

こういった共同体では、それぞれがだれかの〈分身〉であるとはいえ、それは「何になってもいい」ということではない。それぞれがほかの人の姿や動向をつねに意識しながら、自分は他人と大きく変わっていないか、共同体の中で浮いていないか、とだれかと同じ〈分身〉になることで自己を確認したような気になるわけだ。

鷲田は、こういう形で得られた自己のことを「鏡像的同一性」と呼んでいる。鏡像的同一性を手に入れた〈分身〉たちは、どうなるのか。鷲田の説を続けて見てみよう。

その結果として、主体は自己の同一性を確認すればするだけ、分身たちのなかに自己を疎外することになる。他者との関係はそこではおのれの分身との関係に還元されており、自己を自己として規定する〈他者〉としての他者を見失っているからである。ここでいったん排除された〈他者〉は、〈分身〉へと変身させられたうえで共同体の内部にあらためて輸入される。国民国家であれば、国籍取得というかたちで。（前掲書）

鷲田がここで述べている「鏡像的同一性を手に入れた〈分身〉たちの共同体」とは、精神分析学者ジャック・ラカンが言う「想像的（イマジネール）な関係」にも共通するものと思われる。

ラカンは、人間が幼児期にそもそも自己の全体性を確認するのは「鏡の中の像」によるとして、その時期を鏡像段階と呼んだ。つまり人間の自己認識とは、しょせん自分を「鏡の中に映った他者」として見つけたところから始まった、というのだ。鏡像段階は幼児期で終わるが、「他者の中に自分を見ようとする」という傾向はその後も折に触れて顔を出す。「私はこう思う」と言っても、その〈私〉というのがもしかすると、鏡像として見た他者を「これが私だ」と思い込んでいるだけかもしれないのだ。ラカンは、こういう鏡像としての他者との関係のことを、「想像的（イマジネール）な関係」と呼んだ。

精神分析学者の新宮一成は、このイマジネールな関係を社会にまで広げてみることができる、としている。これは二十年前の著書に書かれたものだが、いまでも十分、通用するどころか、ネット時代になってますますこの傾向に拍車がかかっているとさえ言えるので、あえて引用したい。

社会的価値は、どれだけの数の人がそれを価値あるものとして受け入れるかによって決められる。したがって、多数の人々が何を選好するかに沿って行動することができれば、富や権力を手にすることができる。テレビのクイズ番組の中に、知識そのものを問うのではなく、いくつかの可能性を並べて、百人なら百人の人々がどれを最も好むかということを、参加者に当てさせるタイプのものが増えている。

(『ラカンの精神分析』講談社現代新書・一九九五年)

新宮は、こういうイマジネールな関係の働きを、社会の中から消すことはできない、とする。なぜなら、社会の多数の意見につこうとして、それをあたかも自分の意見のように思い込んでしまう動きの出発点は、「鏡の中の像を見てはじめて自分を知った」というあの鏡像段階の自分自身の体験にあるからだ。だから、「〈分身〉を自分自身だと思い込むのは錯覚だ」「他者の意見を自分のものとするのは付和雷同だ」として、簡単にこのイマジネールな振舞いを否定することは、私たちにはできないはずなのである。というより、もしかすると「他人を気にせずに自分の意見を持て」という発言すら、実は自分のオリジナルな意見ではなくて、どこかの〈分身〉から聞いた話を自分のものとして口にしている、という可能性がある。「多数者が構成している典型的なる人間という鏡像の中で、自己は自己同一性を絶えず確認する作業にいそしんでいる」と新宮は言う。

イマジネールな関係へのとらわれから私たちが自由になることができないのなら、なおのこと「やっぱりニッポンが好き」という若い人たちの発言をそのまま「いまの若者の真の意見」と受け取ることは、むずかしくなるはずである。さらに、W杯のようにスタジアム中に〈分身〉や〈鏡像〉があふれ返った中では、そこで自分だけが青いジャージや日の丸ペインティングをせずにいることなど、ほとんど不可能だろう。

さらに、そのぷちナショナリズム的な動きが一時的にせよ広まって、新宮の言う「百人の人々がどれを最も好むかということを、参加者に当てさせる」クイズ番組の一位になったらどうだろう？　そのときは、〈分身〉に同一化することで自己同一性を確認したいと願う人々はわれもわれもと、その方向に流れていくに違いない。

おそらく、フランスの極右政党「国民戦線」が移民排斥を打ち出して高い支持を得ている背景にも、このイマジネールな関係性が関与していると思う。生き残るために社会の中で孤立することなく多勢の側についていたい、と無意識のうちに願う人々にとって、ある程度まで大きくなった極右勢力を無視することは、とてもできなかったはずである。そこでは、たとえ個人的にはナショナリズムに与したくないと思っていても、「私も移民排除には賛成です！」と〈分身〉のひとつとなって声を上げないわけにはいかなかったのかもしれない。

日本でもすぐにそういう事態が訪れることは考えにくいが、「私の選択」「私の意見」とは言っても実はかくもあやういもので、すぐに世間の側の〈鏡像〉と置き換えられる可能性がある、ということだ。

†日本は「個の時代」になっているのか？

こうやって、常に世間という鏡に映った姿を〈本当の私〉として確認する作業を続けることは、それはそれで簡単ではない。いつも「いま世間の一〇〇人が最も好むのは何?」などと〝風向き〟に注意を払い続けては、そのつど自己の像も修正しなければならないからである。そういう日々の確認作業の中で、どこかに「この人こそが世間の代表者、永久にこの人の〈分身〉でいさえすれば間違いはない」という存在を求めたくなるのも自然なことだ。

だから、私たちは「この人の言うことをだいたいなぞっていれば大丈夫」というシンボル、アイコンを常に求めようとする。

たとえば少し前の日本で言えば、それは昼のバラエティ番組の司会で長いあいだ人気者だった司会者のみのもんた氏などがそれにあたったのではないか。たとえば、みの氏の番組では毎回、健康問題をテーマとして取り上げ、簡単な健康増進法や健康維持に効果的な食品を紹介していた。当時、スーパーマーケットの店長だった知人は、「昼休みにあの番組を見るのは欠かせない」と言っていた。なぜなら、みのもんたが「かぼちゃには老化を防ぐ効果がある」とひとこと言えば、その日はかぼちゃが売り切れ状態になるほど売れるというのだ。だから毎日、その番組をチェックして、「今日はシイタケだ」「今度はヨーグルトだ」とその食品を目立つ位置に移すのが日課だったそうだ。

しかし、「世間の風のシンボル」であったみの氏も、家族の不祥事などであっという間に「てのひら返し」にあい、バッシングの対象となってその地位を失った。

そしていま、新たなシンボルになっているのは、もしかすると日本の権力のトップの座にある安倍晋三総理なのかもしれない。アベノミクスによる株価の上昇や強気の外交姿勢などが評価された安倍総理は、とくにネットの世界では熱狂的な支持を集めており、安倍氏が打ち出す政策や発言はすべて「さすが安倍さん」と評価される傾向にある。TPPなど評価が分かれる政策でも、いわゆる「あばたもえくぼ」とばかりに「きっと安倍さんのことだから、深い考えがあってあえてアメリカに妥協して見せているのだ」などと支持する。そして、原発再稼働反対など少しでも安倍政権の政策に異議を唱える人たちに、「日本の足を引っ張るな」と激しく攻撃を加えるのは、第一章で見た通りだ。

このように、「そのときの世間を象徴する絶対的な〈鏡像〉」の登場を期待し、その人の言うことならなんでも検証なしに従うという傾向は、今世紀に入って日本ではますます強まっていると考えられる。

このように心理的メカニズムの観点から考えても、私たちが「言いたいことを言っている」と思っていても、それが本当の意味での「自分の言いたいこと」だとは限らない、ということを知っておくべきだ。「日本社会は自由なのだから、そこでの人々の発言はその人の意思に基づいたホンモノだ。国民は自分たちの意思で安倍政権を支持しているのだ」と簡単に考えることはできない。

「個の時代」がやって来た、と言われて久しいが、私たちが「個」だと思い込んでいるものの実態がいかなるものなのかを、もう一度、見直してみる必要があろう。

第四章

スポーツを利用するナショナリズム

†日韓ワールドカップでの「日の丸」

スポーツって何だろう。とくにオリンピックに象徴されるスポーツの国際大会って何だろう。それは、厳密なルールやスタジアムといった枠組みの中で思う存分、愛郷心やナショナリズムを発揚させることで、それがリアルな社会にあふれ出さないようにする装置なのだろうか。

たしかにそうかもしれない、とも思う。北海道出身の私は、いま札幌に本拠地を持つプロ野球チーム・北海道日本ハムファイターズの大ファンだ。もともと野球ファンの私であったが、北海道の実家に帰省したり北海道のテレビ・ラジオ番組に出演したりすると、知らないあいだにファイターズの情報が目や耳に飛び込んでくる。

そのうちなんとなくこの球団や選手に親しみを覚えるようになり、東京に戻ってきてもその動向を追うようになり始めた。そして、いつの間にか試合に勝てば喜び負ければがっかりするようになっていった。そのうち東京ドームでのファイターズ主催試合や神宮球場での対ヤクルト交流戦にも出かけるなど、気がつくとすっかりファンになっていた、というわけだ。

そのうち、自分の中にちょっとした変化が生じ始めた。選手が試合後のヒーローインタビューで「札幌ドームのファンは最高です！」と語ったり、ファイターズのレジェンドである稲葉篤紀氏が引退後も札幌に住んでいるといったニュースを聞いたりすると、なんとなくうれしい気持ちになる。私はこれまで自分の故郷である北海道に格別の愛情を感じたこともなく、「悪いところではないけれど、たまたま生まれただけ」などと思っていたのに、微妙な〝北海道愛〟のような感情が芽生えてきたのだ。

これは、もともと私の中にもあった愛郷心にファイターズが火をつけたのか、それともあくまでファイターズが先にあり、「彼らの本拠地があるから」という理由で愛郷心めいた感情がわき起こってきたのか。自分でもよくわからなかったし、おそらくどちらが原因でどちらが結果ということもないのだろう。いずれにしても私は、「スポーツと愛郷心」とが密接な関係にあることを自分の経験を通して実感し、「これがナショナルチームに拡大されれば、スポーツによりナショナリズムが容易に喚起されても不思議ではない」と感じた。

この性質を利用して、スポーツが意図的に「国威発揚」に利用された例は、枚挙にいとまない。

日韓共催ワールドカップの一年前、チュンアン大学の安敏錫氏と奈良女子大学の金恵子氏は、「ワールドカップの社会学——ワールドカップと国家・市民社会論」という論文の中で、次のように述べている。

「近代国家成立以後、スポーツへの政府介入は増大してきたし、今後も続けられると考えられる。特に、マス・メディアにおける高度なテクノロジーが発達し、世界のあらゆるところから生放送が可能になることによって、スポーツの影響力はより強くなる。そして、同時にスポーツに対する政府の介入がより拡大している［Gruneau, 1982; Macintosh & Whitson, 1990］。各国の政府は、国民和合を図り、民族主義を高め、自国の政治経済体系を誇示する手段としてスポーツを利用している。特に、国際的な競技会での勝利は、国民的プライドを高める役割をする。中国や旧東ドイツは、スポーツをこのような目的に使用した端的な例だ。」（「ワールドカップの

社会学――ワールドカップと国家・市民社会論」、『スポーツ社会学研究』Vol.9, 2001）

安氏らは、「韓国も例外ではない」として、過去から来たるべきワールドカップに至るまで、同国には「スポーツを通じた国家イデオロギーを強調する流れ」があり、「政府のヘゲモニーを強化する目的でスポーツを利用する」という側面が見られることを指摘する。国際大会でのスポーツの目的は、「国民の体力増進と生活の質の向上を図るよりも、経済的利益と社会統合、そして国威発揚」（安氏ら）にあるのだ。

そして、この論文が発表された翌年、二〇〇二年五月三一日から六月三〇日までFIFA日韓共催ワールドカップが開催された。

少なくとも開催当時の日本には、国民にもまた政府にも、この大会がナショナリズムの称揚につながるという意識は薄かったのではないか。もちろんサッカーファンや関係者には「ついに日本でワールドカップが」という特別の感慨があったはずだが、それ以外の人にとっては「国際的なお祭り」であり「巨大な経済効果をもたらすイベント」であるというのが一般的理解であったはずだ。

サッカー日韓W杯１次リーグ【チュニジア vs 日本】日本代表サポーターで埋め尽くされた観客席　2002年06月14日（提供：毎日新聞社）

興味深いことに保守系評論家である福田和也氏は当時、日韓ワールドカップの盛り上がりに苦言を呈している。差別的な表現も含まれているが、そのまま紹介しておきたい。

「今回の騒ぎを見ていると、(中略)たしかに「土人」かもしれないと思いました。」(「福田和也の闘う時評8」、『週刊新潮』二〇〇二年六月二七日号)。

そして福田は、その騒ぎぶりは一部サッカーマニアにとどまるではなく、「社会全体が暴走している感じ」だとし、「まったく屈託なく、国中が一体となっている」とも述べている。福田氏はもちろん、「国中が一体となっている」ことじたいを批判したのではなく、愛国心といった核もないまま、国中がバカ騒ぎに陥っていることを不愉快に思ったのであろう。

私も、「国家」の姿がないまま、若者たちが「ニッポン、ニッポン!」と盛り上がり、スタジアムで配布された日の丸の小旗を無邪気に振る様子に奇妙さを感じた。まさに福田氏言うところの「屈託ない暴走」だと考えた。そして、いわば「ファッションとしての愛国心」とでも言うべきその現象を、『ぷちナショナリズム症候群――若者たちのニッポン主義』という本にまとめたのだ。

†ヘイトスピーチの広がり

あれから一三年がたった今、日の丸の小旗をめぐる問題は、ここまで深刻化している。二〇一五年一月一二日、北海道・札幌市を拠点とする市民団体が、成人式にあわせ札幌市内などの一三会場で「日の丸」の小旗を配布した。多くの若者がそれを受け取ったということだが、式典後、札幌市北区の会場では出口で係員がそれを回収した。それが配布した会に伝わり、「強制的に回収した」「回収した日の丸をゴミとして捨てたらしい」と大騒ぎになったのだ。

その市民団体の支持者たちから、札幌市や区役所に抗議の電話、メールなどが押し寄せ、職員は対応に追われた。「新成人の親」を名乗るある人は、ブログで「『皆様がお持ちになっている日の丸は日本国旗でございます。ゴミ箱には捨てずに大切にお持ち帰り下さい』と、我が日本国の大人としての気の利いたアナウンスをすれば、その方がよほど新成人に対する大事な先輩からのメッセージになるとは思わないか！」などと怒りを炸裂させている。

一方で、小旗を配った市民団体は、従軍慰安婦問題で話題となった元朝日新聞記者を攻撃するビラを北星学園大学周辺で配布したり、日韓国交断絶を呼びかける街頭宣伝活動を定期的に行ったり、とかなり過激な活動でも知られている組織だ。ネットを中心にこの団体やそこが日の丸を配る活動への批判の声も上がり、ある意味で一触即発状態となった。

しかし、当の若者たちからの反応はあまり見られず、「配ってたからもらった」「集めていたからわたした」といった〝肩すかし〟のような声がいくつか見られるだけだ。市民団体サイドは「〝私がいただいた日の丸なのですからわたしたくありません！〟と回収を拒否したのに強制的に奪われた新成人もいた」と言っているが、関係者に聞いたところ、そこまでの〝攻防〟はなかったようだ。

このように、ある程度、政治色の強い団体が明確な意図を持って配布したものであ

「ヘイトスピーチ」抑止などの条例制定を求め、大阪市内をパレードする参加者
2015年10月6日（提供：共同通信社）

っても、疑問を抱くことなく受け取り、後に経緯を知らされても「なんだ、そうだったの」で終わってしまう、という二〇〇二年時点での危惧が現実化したのだ。

この最初はふわっとしたものだった「ニッポンびいき」「なんとなくニッポン好き」の雰囲気の蔓延に、「愛国心」という明確な核を与えたのは、なんといってもインターネットというツールだ。総務省が毎年、発表する「通信利用動向調査」によると一九九七年末には九・二％でしかなかったインターネットの個人普及率は九〇年代末から〇〇年代初めにかけて急速に上昇し、〇二年には五七・八

%、〇三年には六四・三%と六割を超えている。

先に「ニッポン大好き」「ニッポンがんばれ」といった屈託ない、無邪気な〝ニッポンびいき〟に「愛国心」という核が与えられた、と述べたが、実はそれは正確な表現ではない。正確に説明すると、その核は「他国の軽蔑、排除ではじめて成り立つ愛国心」となる。ここで言う他国とは、とくに中国、韓国、北朝鮮といった東アジア諸国を指す。

評論家の古谷経衡氏は、その著書『ネット右翼の終わり——ヘイトスピーチはなぜ無くならないのか』（晶文社・二〇一五年）で日韓ワールドカップのサポーターたちに見られた「屈託のない愛国心」とその後、〝韓国ぎらい〟を柱としながら情報発信を続けた「前期ネット右翼」とは一線を画する、という興味深い説を展開している。

「パブリックビューイングやクラブハウスでビールを飲みながら試合を観戦し、朝まで男女が騒ぐようなワールドカップの躁的ノリを徹底的に嫌悪し、あるいはそこにはなにか巨大な既成のマスメディアの『意図』が隠されているのではないか、という陰謀論的な世界観を有していた彼らは、香山リカ氏が例示したような『屈託のない愛国心』を持つ者などではなく、静かに既存の大手マスメディアを呪詛しながら、バーやクラブや居酒屋ではなく、ネットにその活路を求めた比較的物静かで、時間的余裕があり、しかも若者というよりも中高年の人々だったのである。」

古谷氏は、この二〇〇二年から〇七年までの「アンチメディアとしての嫌韓」の情が強烈なネット右翼を「前期ネット右翼」、そして「チャンネル桜」（著者注・〇七年に誕生した有料のCS放送チャンネル。設立者の強い保守思想を反映し、保守系言論人や政治家の発言の場となっている）の出現以降、既成の「保守（論壇）」の影響を主にネット動画を通じて強く受けた人たちを「後期ネット右翼」と呼んで区別している。そして、彼らはどんどん自分たちの思想を先鋭化させていき、今や従来の「保守」の声は「狭義のネット右翼」にはまったく届いていない、というのが古谷氏の見解である。

このヘッドライン寄生を行うばかりの「狭義のネット右翼」にとっての「愛国心」にも、従来のそれとは大きく違う点がある。それは彼らが「愛国心に覚醒《めざ》めた」という表現を好むことからもわかる、と古谷氏は言う。再び同書から引用しよう。

「『愛国心に覚醒めた』というセリフの中には、まるで『愛国心』が遺伝子のレベルで先天的に存在していて、自分は今までその存在に全く気が付かなかったが、後に何かのきっかけでその存在を知ったのだ、というニュアンスが含まれているように聞こえる。」

この章の冒頭で私の例をあげて述べたように、「愛郷心」にしても「愛国心」にしても、それは生得的に備わっているものではなく、いろいろな要因や影響により涵養されるものであることは言うまでもない。しかし、「狭義のネット右翼」にとってそれはあらかじめその国に生まれた人にならば備わっているものであったのに、これまでは左傾化したマスコミ、教師、自民党以外の政治家、あるいは韓国や中国の謀略によって、自分の中で発露しないように仕組まれていたのだ、という奇妙な考え方である。

ただ、そうとわかると、彼らがツイッターなどでよく私に対して、「日本人なら当然、愛国心はありますよね？　反日的なことを言うあなたは日本人とは思えません」などと絡んでくる理由も理解できる。日本人なら日本語が話せる、日本人なら安倍政権を支持する、日本人なら愛国心がある、日本人なら中国や韓国が嫌い……。彼らにとってこのことは、遺伝子レベルでプログラムされた、しごく当然のことに思えるのだろう。

あるとき、私がそういう人に「日本は好きですが、それは生まれて長く育った国だからであって、もし韓国やベネズエラに生まれたらその国が好きになっていたと思います」と答えたら、「かわいそうに。早く目覚めますように」と祈られたことがあった。おそらくその人たちにとって、日本への無条件の愛国心と尊敬を示さない私は、まだ洗脳が解けない憐れむべき人に思えるのだろう。そして、この人たちに対しては、いくら「生まれつきの愛国心」とか「血やDNAに刻まれたナショナリズム」などというものはない、と説明しても、「それがサヨクの洗脳だ」といっさい聴く耳を持ってもらえないことは言うまでもない。

そうなるとこれはもう「ぷちナショナリズム」どころの話でも、「偏狭なナショナリズム」ですらなく、ある意味の「神話的ナショナリズム」、もっと言えば「妄想ナショナリズム」としか言えないものなのである。

†「スポーツ→排外主義」は、なぜ起きたのか?

興味深いのは、ここまで来ると、本来は偏狭なナショナリズムの抑制、あるいは無邪気なナショナリズムの発揚の手段として機能していたはずの「スポーツ」がどこかに消えてしまう、ということである。これはたいへん奇妙な現象といえる。

たとえば、冬季オリンピックやフィギュアスケートの国際大会でしばしば話題になった「日本の浅田真央選手vs.韓国のキム・ヨナ選手」というライバル対決でも、ネットではスケートの技術そのものよりも「あるテレビ局は浅田選手の転んだシーンばかり映す」「メダルを取った浅田選手が日の丸を掲げて場内を一周したシーンをカットした」「キム・ヨナ選手は審判を買収している」といった話が多く取り上げられる。

あるとき、サッカー好きで知られるアーティストと話したことがあった。彼はしばしばテレビのサッカー番組にもゲストとして招かれ、日本のナショナルチームへの期

バンクーバー冬季五輪フィギュア女子の表彰式で、手を振る銀メダルの浅田真央と金メダルのキム・ヨナ　2010年２月25日（提供：共同通信社）

待を熱く語っている。私が「日本の選手たちがものすごく好きなんですね」と言うと、彼は声をひそめて教えてくれた。

「いや、実は僕はドイツサッカーのファンなんです。ドイツという国びいきではなくて、伝統的にその国の戦術が好きなんですよ。海外で国際大会を観戦するときも日本戦よりドイツ戦に行ってしまうほどですが、好きな選手は世界中のクラブチームに散らばってます。でも、言えないですよね、テレビでそんなことは……。」

彼によると、日本チームが出るときは「とにかく彼らしか見ていない」という姿勢を見せることが必要なのだそうだ。それ以外のときも、主に世界のクラブチームで活躍する日本選手のことを語らなければならない。私は「あなたはドイツファン、日本ファンというのではなく、純粋なサッカーファンなのだから、別にいいんじゃないですか」と言ってみたが、彼は苦笑しながら「そんなことしたらネットは大炎上ですよ」と首を横に振るばかりだった。

ここでも、いつの間にか「スポーツ」が抜け落ちて、かなり先鋭化したナショナリズムだけが残る、という奇妙な現象が起きている。

そして、ここでも重要な役割を果たしているのはネットだ。日韓ワールドカップ以降、「韓国チームは不正をしている」「あのラフプレーにはウラがある」といった不正確な情報やそれが発展したデマの拡散にひと役買ったのは明らかにネットだということを、先ほど古谷氏の著書を紹介しながら示した。また、このアーティストのように「外国選手を応援している」といった発言を取り上げ、「こいつには愛国心がない」「日本人じゃないんだ」「そうだ、本名はたしか韓国名で……」などと批判し、それをデマに発展させて拡散するのもやはりネットだ。

そうなると、スポーツファンのみならず、スポーツには関心がない人まで、不正確な情報やデマの部分を目にすることになる。さらに、当初は情報のリンクをたどって、次第に真相にたどり着いたような気がしていた人が多かったはずだが、次第に「リンクをたどる」という手続きさえ省略され、韓国や中国が関係するスポーツではただちに「不正」「インチキ」といった声が上がり、「国際大会に参加させるな」「加担したテレビ局に抗議せよ」といった排外主義的な動きにつながる。「スポーツ→ネットサーフィン→『在日特権』など誤情報との接触→排外主義」といったプロセスが大幅にショートカットされ、「スポーツ→排外主義」という構図ができ上がってしまったのだ。なぜそのような「不幸なショートカット」が起きたのか。そこには、皮肉なことだがナショナリズムやレイシズムの基盤にもなりうる熱狂的なサポーター集団の不在も関係しているのではないだろうか。

これに関して、社会学者の樋口直人氏は、こう指摘する。

「日本には、排外主義運動の基盤となるようなサブカルチャー集団（フーリガンやスキンヘッド）が、実質的に存在しない。こうした集団は、勧誘を効果的に進める小集団となるばかりでなく、排外主義運動への抵抗感をなくす文化的基盤ともなる。」（『日本型排外主義――在特会・外国人参政権・東アジア地政学』名古屋大学出版会・二〇一四年）

たしかにこれは由々しき事態ではあるが、しかし彼らの基本は「ひいきのチームの応援」であり、そこから一般の排外主義に拡大するまでには相当のプロセスを経なければならない。しかし、現実のフーリガン的な集団を介さないインターネットでのスポーツ談義は、あっという間に「そもそもはひいきの選手の応援のために始めた」という出発点を忘れ、「悪いのは韓国だ」といった話に流れていきやすいのかもしれない。そのため、インターネットで醸成される排外主義はあっという間にその〝濃度〟が強まり、再びスポーツの世界に回帰して現実に顔を出すときには、それは先の「テレビ局への抗議電話」のようにいきなり極端な形を取りやすいのではないか。

†「JAPANESE ONLY」

二〇一四年三月八日、埼玉スタジアムで行われたサッカーJリーグの公式試合、浦和レッズvs.サガン鳥栖《とす》戦で競技場入り口に「JAPANESE ONLY」と書かれた横断幕が掲げられた。浦和レッズのサポーターによる行為と推定され、その意味するところは明らかではないが、選手も通る通路への入り口であることから「日本人以外の選手はお断り」という差別的な表現とも読み取れる。また応援に来る在日コリアンサポーターへのメッセージとも取れる。同チームは試合当日の夜に「差別的な発言・行為は断じて許されるものではない」という声明をホームページで発表したが、実際には横断幕は試合後まで放置され、その場にあったことがわかった。日本サッカー協会は、三月二三日の埼玉スタジアムでの浦和レッズvs.清水エスパルス戦をリーグ史上初となる無観客試合として行うよう命じる、との厳しい処分を下した。

この処分についてスポーツジャーナリストの清義明は、「サッカーはナショナリズムが表れやすいなどの危ない側面もありますが、同時に排外的なものとたたかってもいるのです」として、次のように語っている。

「人種や民族や国家に対する問題に直面しているFIFA（引用者注・国際サッカー連盟）は、普段から先進的なとりくみをしています。（略）差別行為に対する厳罰化やクラブの事前とりくみのためのガイドラインをつくりました。そして、それを二〇一四年のはじめに日本のJリーグは規約の中に組み入れたところでした。差別行為には『ゼロトレランス』（一切の猶予を許さず、例外や容赦のない対応をする）という方針です。（略）日本社会で、ヨーロッパの人権意識がここまで反映され、罰則はじめ対応策を

埼玉スタジアム浦和ゴール裏ゲートに掲げられていた「JAPANESE ONLY」の横断幕　2014年３月８日

支える哲学やノウハウを持っているのは、サッカーだけかもしれません。」（『ヘイトスピーチに抗する人びと』神原元著・新日本出版社・二〇一四年）

実際にこの問題が起きた後、Ｊリーグや所属するクラブチームは地域に向けてサッカーを使った反差別の啓蒙運動を行い始めているのだという。サッカーは「問題を起こしていると思われていますが、同時に対抗する手段を持っています。差別問題のもっとも先鋭的な対抗の場になる可能性すらあります」（前掲書）と清は主張するのである。

このようにたとえインターネットを介して排外主義を先鋭化させたサポーターが極端な行動に出たとしても、そこに現実のサポーターという小集団が介在しているならば、それに対してチームやＪリーグが禁止を伝えたり処分を下したり、さらにその後の啓蒙活動を行ったりすることもできる。しかし、あくまでネットの中で「韓国と試合？　ああ、また不正でしょ」「韓国の選手だけ不正に高い点を得ることができる」といったデマを信じ、日々、拡散している人たちに対しては、このような現実的な処分やアプローチはほとんど不可能ということになる。

†ブラジルW杯の異様な報道

ここまでインターネットの登場が、二〇〇二年前後は「ファッションとしてのナショナリズム」であった気分を本格的な保守思想からさらに排外主義へと変容させ、とくにスポーツの世界では「韓国、中国が関係したスポーツには国家がらみの不正が働いている」という「不幸なショートカット」の構図ができ上がっていることを示した。では、Jリーグが差別撤廃のための活動を積極的に行うなどしてこの動きに対抗しているのに対して、行政や政治の動きはどうなのだろう。表面に見えている限りでは、その動きは鈍い。それどころか、インターネットで促進される極端な保守化を放置というより歓迎しているようにさえ見える。

二〇〇九年に誕生した民主党政権は、その後、迷走を続け、二〇一二年一一月一六日についに衆議院は解散した。それを受けての第四六回総選挙は、一二月四日公示、一六日投開票の日程で行われることが決定した。当時、野党であった自民党の総裁は、安倍晋三であった。

その後の総選挙では自民党が圧勝し、安倍第二次内閣がスタートした。イベントでの安倍総理の呼びかけ通り、「救国内閣」の誕生を望む人たちは少なからぬ勢力となり、インターネットをベースに保守的というより排外主義的発言を繰り返す「ネトウヨ」と称される人たちが活発な活動を行い、全国でヘイトスピーチ・デモが行われるようになった。これらの言動への法規制は「表現の自由」の壁の前になかなか進まず、その一方で自民党はきわめて保守色の強い改憲草案を発表し、国会では生活保護法の見直しと法律改正、秘密保護法成立が行われた。そしてついに、解釈改憲による集団的自衛権行使が内閣決議で容認されるようになり、改憲に向けた国民投票も具体化しつつある。まさに「インターネットで世論は変わった」のだ。

日韓共催W杯から一〇年あまりの間に、あのときの「ぷちナショナリズム」はすでに大きく変質したのだ。その間、いくつかのメディアは「がちナショナリズム」という名でそのときどきの社会を分析していた。無邪気、無自覚、屈託なく「ニッポンでいい国だなぁ」というのではなく、はっきりと「日本はアジアの覇者」「あの戦争には大義があった」と主張し、韓国、中国などに敵対心を燃やす歴史修正主義的な立場だ。これが「ぷちナショ」ならぬ「がちナショ」ということなのだろう。

サッカーの世界に限って考えても、たしかに〇二年の日韓共催大会のあと、〇四年七月にはＡＦＣアジアカップ大会が中国の重慶で行われたが、そのときは反日感情が剝き出しになり、日本の予選リーグから決勝まで、日本選手やサポーターには激しいブーイングが浴びせかけられたり、ゴミなどが投げつけられたりした。そういった反日運動への抵抗もあってか、〇六年のドイツ大会では「サムライ」「玉砕」といったかなり国粋主義的な表現が解禁になるなど、もはやナショナリズムは「ぷち」のレベルを超えて、「がち」の領域に突入したと考えられる。

ところが、二〇一四年のブラジルＷ杯においては、日本を応援する声にこれまでの真剣で切実な「がち」とも微妙に違うトーンを感じた。もはや現実をいっさい見ることなく、「とにかく日本は最強なんだよ」「そうだ、優勝だ」と希望や期待を現実と錯覚して、お互いにその思い込みを正当化し合うことで共同幻想を築いていく。楽観主義をさらに超えた幻想にも近い「日本びいき合戦」が繰り広げられていた。テレビのスポーツ番組や新聞は「一次リーグ突破は当然」といった論調で、「四強、夢じゃない」などと書いた新聞もあった（実際は、「一分二敗」で一次リーグ敗退）。

†「ポジナショナリズム」の危うさ

これはサッカーに限った話ではない。二〇一四年から一五年にかけてテレビの世界で急速に増えたのが、「日本礼賛」の番組である。いわゆる自画自賛的な内容の場合もあるが、その多くは日本好きと自認する外国人が出てきて日本をほめちぎったり、日本へのリスペクトをあらわにしながら日本語の歌を歌ったりスピーチをしたり、という内容のものが多い。思いつくままに番組タイトルをあげてみると、「cool japan～発掘！　かっこいいニッポン～」「のどじまん　ＴＨＥワールド！」「ホムカミ～ニッポン大好き外国人　世界の村に里帰り～」「You は何しに日本へ？」などがそれにあたる。

また活字の世界でも同様に、世界がいかに日本好きか、日本にあこがれる外国人がいかに多いか、といったテーマの書籍が相次いで出版されている。

そういった番組を見たり本を読んだりしていると、日本人は世界のどこに出かけて

日本代表チームを特集するサッカー雑誌の表紙

も歓迎され、尊敬され、うらやましがられる存在なのだ、と思わず錯覚しそうになる。たまに伝わって来る「反日運動」などは、ごく限られた国の無知で奇異な人間がやっているだけのごく特殊な事例に違いない、と思えてくるのだ。

新聞社のサイトにこんな記事があった。

「日本館に列、入場は『かなわぬ夢』……ミラノ万博

【ローマ＝青木佐知子】イタリア北部ミラノで『食』をテーマに開かれているミラノ万博で、日本の伝統的な食文化を紹介する『日本館』が大盛況だ。

ふだんは行列が苦手とされるイタリア人が8時間も並ぶことがあり、伊メディアは『最も人気のある展示館で、入場は〝かなわぬ夢〟だ』などと報じている。」

（「YOMIURI ONLINE」二〇一五年一〇月二二日より）

これを取り上げたネット掲示板では、「本当かな？」といった懐疑的な意見もちらほらあったが、それより目についたのは、「単純にすごいな」「スペインやフランスでも日本文化はすごい人気なんだよ」といった驚きや肯定、それと同時に「なぜこの話題をもっとマスコミは取り上げないのか」という批判であった。「これをなぜニュースにできないのか意味わからんがマジで日本のマスコミは反日なんだな」「やっと大手メディアも扱い始めたか。まったく報じないよな、ずっとネットだと騒がれてるのに」といった具合だ。世界が日本を尊敬し、あこがれているのは当然の事実という前提の上、「それを報道しないことがおかしい、何か（韓国、中国など）の陰謀が働いている」という理解だ。ここにおいてもすでに、「日本っていい国だ。この国に生まれてよかった」といった無邪気な好感だけではすまない、偏狭なナショナリズムの萌芽が見られる。

もちろん、今の時点では「世界が日本に恋してる！」「日本は押しも押されぬ世界トップの国！」と日本や日本人を賞賛する「ポジナショナリズム」とも言える楽観的な日本称揚主義を排外主義以上に危険だととらえる必要はないだろう。ヘイトスピーチ・デモに繰り出したりサッカー場で差別的な横断幕を張ったりするよりは、「日本は本当にいいところだ」「世界中が日本好きでいてくれるらしい」などと自画自賛しあっていれば満足する「ポジナショナリズム」は、有害さという点においては取るに足らないとも言える。

しかし、ブラジルW杯のように、幻想と現実との乖離に気づかされたときにより大きな問題が起きるのではないか、という危惧が払拭できない。「日本はもはやアメリカと対等」「どこの国にも熱烈な日本ファンでいっぱい」「世界中の人たちが和食や富士山が大好き」といった過剰な自信がくじかれ、現実と直面しなければならなくなったとき、人々はどんな反応を示すのだろう。そこではじめて自分たちの認識が歪曲していたことに気づき、客観性を取り戻せるのだろうか。それとも「いや、これは何かの間違いだ」と否認しようとし、サッカーと同様、「その思い込みは間違っている」と忠告した人に怒りを向けたりするとは考えられないだろうか。

†「世界のNOMOは、私たちの手柄ではない」

そして、こういった楽観的な「ポジナショナリズム」にも潜む他国への排除やそれを邪魔する者への怒りの萌芽を見ていると、どうしても七〇年以上も前のひとつのエピソードが連想されるのである。それは、かつて日本が選択した「国際連盟脱退」という道だ。一九三一年の満州鉄道爆破事件の後、新聞はそれを日本軍ではなく中国側の計画的行動だと断定的に報じて非難、国民もそれを熱狂的に支持したとされる。そして、国際連盟調査団が満州に対する中国の主権を認める内容の報告書を作成し、それが連盟総会で採択されると、日本代表の松岡洋右は総会を引き上げ、事実上の連盟脱退となった。新聞は「連盟、報告書を採択　わが代表堂々退場す」と報じ、松岡氏は一躍、国民的なヒーローとなった。そこから日本は戦争への引き返せない道を突き進むことになったのは、言うまでもない。

日本が国際連盟脱退を通告したのは一九三三年三月、元号でいえば昭和八年であるが、その年、大正・昭和を通して活躍した詩人で漢方医学研究者でもある中山忠直は、『日本人の偉さの研究』という本を出版している（先進社、現在は大空社『叢書　日本人論19』に収載）。著作権保護期間満了につきネットでも全文閲覧可能。「近代デジタルライブラリー」http://kindai.ndl.go.jp/info:ndljp/pid/1443774）。

本書の冒頭にはこうある。

「時代は移つた。西洋を盲目的に崇拝する事を、真理の探求と感ちがひして新しがつたり、意味なく日本を軽蔑して、同胞から優越を感じたりする處の、錯覚的な賢人主義の時代は過ぎてしまつた。——西洋有難家《ありがたや》の御本尊様の西洋から、逆に日本が尊敬され出されては、如何に西洋崇拝病が膏肓に入つた重症患者も、多少は自覚せずには居れなからう。——今はまさに其時期である。」

その後は、いろいろな科学的、非科学的データを用いながら、「日本人の頭脳が優秀なのは白色人種からも脅威」「日本の文明が世界に輝くのはこれから」などと、その民族、文化の優秀さを指摘し、いかに世界から注目、尊敬を集めているかをときにユーモラスな口調さえ交えつつ強調する。

しかし実際には、そのとき日本は、満州を占領してそこに傀儡国家を建設しようとして国際社会から非難を浴び、国際連盟を脱退するという孤立への道をひた走ろうとしていたのである。この本に書かれていたような日本礼賛の声など、世界中を見わたしてもどこにも存在していなかったのである。
歌人の枡野浩一氏が、かつてプロ野球選手の野茂英雄が日本球界からメジャーリーグに活躍の場を移したときに、次のような一首を詠んだ。

「野茂がもし世界のＮＯＭＯになろうとも君や私の手柄ではない」

この歌に苦笑し、うなずく余裕が、はたして現在の日本や日本人にあるだろうか。実は、もはや桝野氏の短歌のおかしみを受け取ることができる人などごく少数ではないか、と思わせるようなできごとが二〇一四年にあった。第二七回東京国際映画祭の会場周辺や新聞広告で、次のようなキャッチコピーが使われたのだ。

「ニッポンは、世界中から尊敬されている映画監督の出身国だった。お忘れなく。」

新聞広告ではこのコピーとその英訳とともに黒澤明氏が写っていたところを見ると、この「世界中から尊敬されている映画監督」はおそらく黒澤氏を指すのだろう。
もちろん、黒澤ファンは世界中におり、スピルバーグなど著名な映画監督の中にも黒澤映画の影響を受けたことを公言している人もいる。にもかかわらず、自ら「お忘れなく。」とその業績をさらにアピールするのは、ホスト国としてかなりはしたない態度だろう。さらにこのコピーは、「黒澤監督をお忘れなく。」ではなくて「監督の出身国ニッポン」のプレザンスを主張しようとしているところが、二重の違和感をかもし出している。黒澤監督はたしかに日本人だが、尊敬を集めているのは監督個人であり、〝ニッポン〟までが尊敬を強要する権利はないはずだ。

総合プロデューサーである秋元康氏や映画祭の主催者、全面的にバックアップする文化庁、さらにオープニングセレモニーに登場した安倍首相などは、誰もこのコピーに疑問を抱かなかったのであろうか。

ただ、映画祭の開幕後、会場に来た一部の映画関係者や観客などから「恥ずかしい」「見苦しい」と批判の声が上がり始めた。ツイッターで映画監督のヤン・ヨンヒ氏は「これってホントに映画祭側発信のコピーなんですか？　〝勘違い愛国者〟の落書きじゃなく？　マジ？・？・？」と、同じく映画監督の松江哲明氏は「東京国際映画祭は好きだけど、このコピーは最低だと思います。個人の業績を国に重ねるのが最近の流行だけど、みっともないことだと思う。」と不快感をあらわにした。

もちろん、国際映画祭はいまや世界の映画祭市場での激しい競争にさらされており、同時に国にとっては絶好のアピールの場だから、ある程度の強い自己主張は必要かもしれない。安倍首相はこのとき、自身のフェイスブックで東京映画祭に関して「東京オリンピック・パラリンピックが開催される二〇二〇年を見据え、映画を通じて、日本に関心を持ち、日本の文化に触れ、日本のファンになってくれる人々が世界中に増えるよう、日本映画の魅力を一層力強く発信していきたいと思います。」と言っているが、それじたいは一国の首相として当然の発言であろう。

とはいえ、「私たちは黒澤監督を誇りに思います。」ではなくて、「黒澤監督の出身国であるニッポンをお忘れなく。」「同じニッポン人をお忘れなく。」と何のてらいもなく言ってしまうという想像力のなさ、知的能力の劣化が広がっているとしたら、それはすでに相当に病的とさえ言えるのではないだろうか。

「ぷちナショナリズム」から本格的な保守思想、そして排外主義から「がちナショナリズム」へ。「スポーツや文化とナショナリズム」の今後を見守りたい。

第五章

日本は〝発病〟しているのか

†東京オリンピック決定後の〝奇妙な高揚感〟

二〇一四年から一五年にかけて、日本は〝奇妙な高揚感〟に包まれていた。

いや、正確にはそれは、二〇一三年九月七日、IOC（国際オリンピック委員会）総会での投票で東京が二〇二〇年夏季オリンピックの開催地として選ばれたあたりから始まっていたのかもしれない。

二〇一四年一二月一四日に投開票が行われた第四七回総選挙では、自民党が単独で絶対安定多数の二六六を超える二九一議席、公明党が現行制度下で最多の三五議席を獲得するなど大勝、与党としての議席数の三分の二以上を維持した。

二〇一四年七月一日には、政府は個別的自衛権を認めた「昭和四七年政府見解」を解釈し直すことで集団的自衛権の行使ができると認め、これを閣議決定した。これに対して「『国のかたち』が変わる」と反対の声が上がったが、それでも世論調査での内閣支持率は四〇％台後半～五〇％台から落ちることはなかった。

この間、株価も順調に上昇し、二〇一五年四月二二日の日経平均株価は、終値でI

2020年五輪の開催都市が東京に決まり、配布される号外　2013年９月８日 JR 新宿駅前（提供：共同通信社）

Tバブル時代の二〇〇〇〇年四月以来、一五年ぶりに二万円台を回復したのだ。二〇一四年四月には消費税率が五％から八％に引き上げられたが、安倍政権の経済政策アベノミクスの効果はそれで揺らぐことはなかったと考える人も多かった。

安倍総理の強力なリーダーシップと、それを支える人々の期待と熱狂。

二〇一二年一二月に誕生した第二次安倍内閣は、まさに〝我が世の春〟を謳歌していたと言ってもよい。

しかし、人々がかつぐ総理を乗せた神輿は、いつのまにかいささか高く掲げられすぎたのではないだろうか。

時計を、集団的自衛権が閣議決定される前に戻してみよう。

二〇一四年二月一二日、安倍晋三首相は衆議院予算委員会で、「憲法改正ではなく解釈変更で集団的自衛権の行使を容認できるか」という民主党・大串博志氏の質問にこたえ、次のような発言を行った。

「（憲法解釈の）最高の責任者は私です。私が責任者であって、政府の答弁に対しても私が責任を持って、その上において、私たちは選挙で国民から審判を受けるんですよ。

審判を受けるのは、法制局長官ではないんです、私なんですよ。」

この模様を伝えるテレビのニュースでは、左手を自分の胸にあてる首相の映像とともに「最高の責任者は私です」というテロップが流れた。

翌日の東京新聞は「首相、立憲主義を否定」という見出しとともに、「憲法解釈に関する政府見解は整合性が求められ、歴代内閣は内閣法制局の議論の積み重ねを尊重してきた。首相の発言は、それを覆して自ら解釈改憲を進める考えを示したものだ。首相主導で解釈改憲に踏み切れば、国民の自由や権利を守るため、政府を縛る憲法の立憲主義の否定になる」と厳しい論調でこれを批判した。また朝日新聞も、「一三日の（自民党）総務会では、村上誠一郎元行革担当相が『選挙に勝てば憲法解釈を自由に変えられるのか。危うい発言だ』と批判。このほかにも批判的な意見が出たといい、野田毅税調会長は『重要な話だ。執行部はしっかり首相に伝えてほしい』と注文した。」と、党内でも異論の声が上がっていることを伝えている。

ところが、この問題への感想を述べる一般市民のブログなどを検索すると、「たしかに、最高責任者は安倍内閣総理だ。何をいまさら当たり前のことを。総理が最高責任者でなければ、いったい誰が責任を負うというのか」など首相の発言を肯定するような声のほうが多く目につく。

また、駒沢大学名誉教授・西修氏の「反対勢力は、従来の政府解釈を金科玉条視する。政府解釈を動かすべからざるものとして国際社会に対応していくのか、あるいは国際社会の変化に対応して政府解釈の見直しを図るべきか、常識は後者を選択するであろう。」（「正論」、産経新聞二〇一四年二月一七日）など、有識者の中にも肯定的な評価を下す人があった。

興味深かったのは、肯定派の議論が「解釈改憲の是非」にとどまらず、「最高責任者は私」と言い切る安倍首相の姿勢そのものをも高く評価していることだ。ブログやフェイスブックには、「一国の総理たるもの意向を強く持って、抵抗勢力は蹴散らして進まなければならない」「日本国のリーダーとして至極当然の発言、頼もしい」「やっぱり安倍首相は凄い人。心強いよね」といった賛辞とともに、解釈改憲を否定する声に対する「批判の大合唱、言葉狩りです」「売国人は厚顔無恥な人間が多すぎ」といった厳しい批判というよりは罵倒の声があふれた。

つまり「解釈改憲の是非」を議論することさえまかりならない、ということだ。もっと言えば、それが「解釈改憲」かどうかさえ、ここで大きな問題にならないのかもしれない。安倍首相の言うことであれば内容にかかわらず無条件に従い、疑問や批判はいっさい許されない、という空気が醸成されていると言ってもよいだろう。

†安倍政権を支持する人々

私はツイッター（ネットの短文形式の投稿ツール）でときどき自分の考えを発信しているが、少しでも安倍首相や現政権に対して批判的な発言をすると、「首相への人権侵害、名誉棄損だ」「精神科医が政治を語るのは医師法違反だ」「そんなに日本が嫌いなら出て行ってはいかがですか」といった目を疑うような抗議が殺到する。内容云々ではなく、とにかく首相や政権といった権力を監視し、批判的な意見を述べることじたいがタブーというわけだ（本論からはずれるが、こういった人の多くが改憲派であるにもかかわらず、このときだけ「首相にも『表現の自由』がある」「安倍さんだってひとりの人間、生まれたときから人権があります」など憲法を盾にしたり天賦人権説に鞍替えしたかのような発言をするのはどういうことなのだろう)。

いずれにしても、首相がどう答弁したか以前に、すでにこの国では「国家権力の監視や暴走を縛る装置は不要」と考えている人が少なからずいるということだ。だとしたら当然、憲法がその番人であるという考え方が通用するはずはあるまい。つまり憲法が蚊帳の外に置かれたまま、立憲主義が土台から崩壊しつつある、という奇妙な現象が起きているということだ。

では、なぜこのようなことが起きているのか。

まずは、安倍政権を支持する有権者サイドの問題から考えてみよう。

その答えは、先ほどの安倍政権支持者たちのツイッターには、「頼もしい」「心強い」という単語が繰り返されていた。つまり、彼らは「解釈改憲」にでも「集団的自衛権」にでもなく、首相の発言中、主に「最高責任者は私」という部分に反応しているのではないだろうか。立憲主義の立場から見ると信じがたいような発言だが、支持者からは逆にそこまで大胆に言い切る姿勢が「心強く頼もしい」という極端に高い評価につながるのだ。

精神医学や心理学を生業とする者は、ある極端な態度や感情表現を見ると、つい「心の中は逆なのでは」と考えたくなってしまう。精神分析の祖であるジークムント・フロイトは、認めがたい本能衝動やそこから派生する感情が生じようとしたとき、人はその意識化を防ぐためにそれらとは逆の方向の態度で対処しがちだ、としてこのメカニズムを「反動形成」と呼んだ。たとえば、いつも過剰に礼儀正しい人は、心の中には実は悪意や攻撃性を秘めていることがある。やや世俗的な例をあげると、まわりから聖人君子のように尊敬されていた人が、突然、汚職などで逮捕され、「あんな純粋な人が」と驚かれることがある。これなども、日ごろの「聖人君子」ぶりは心の中に秘められた狡猾さや欲深さの反動形成であったのだろう。

また、フロイト理論を継承する分析の一派、メラニー・クライン派の概念の中には「躁的防衛」というのがある。征服感、支配感、万能感などが前面に出すぎている人の場合、その心理的背景にあるのは「抑うつ的不安」や「罪悪感・喪失感」などの葛藤だと言うのだ。

もちろん、安倍政権を支持する人のすべてがそうだとは言わないが、立憲主義を危機に陥れるような首相の発言に関してまで、その内容をきちんと検討することもなく、「頼もしい」「心強い」「凄い人」と称揚一色というのはあまりに奇異に見える。そして、そこに「反動形成」や「躁的防衛」といった心のメカニズムを見ようとするのは、それほど不自然なことではないのではなかろうか。もしこの推測が部分的にでも正しかったとするならば、彼らの心の内に潜むのは「強さ」とは反対の「弱さ」であり、「安心」とは反対の「不安」であると言えることになる。

ここで、その不安の本質に迫る前に、今度は安倍首相側の問題について、ちょっと考えてみたい。

†安倍首相とは、どういう人物なのか

安倍首相は、二〇一五年五月の衆議院平和安全法制特別委員会での審議で、質問していた民主党の辻元清美議員に「早く質問しろよ！」とヤジを飛ばした（後に民主党が抗議したため陳謝）。また二月の衆議院予算委員会では、旧大蔵省出身の民主党議員

衆議院平和安全法制特別委員会で、民主党の辻元清美氏の質問中にやじを飛ばす安倍首相　2015年５月28日（提供：共同通信社）

の質問の最中、「日教組どうすんだ！　日教組！」と繰り返しヤジを飛ばし、委員長からたしなめられる一幕もあった。

ヤジは国会につきものではあるが、現役総理とは思えないほど品位もなく、傲慢無礼な態度だと言える。

これは、安倍首相がもともと豪快で大胆な性格の持ち主で、それゆえの発言なのだろうか。どうもそうではないようだ。

二〇一五年五月〜六月、『週刊ポスト』に集中連載されたジャーナリスト野上忠興《ただおき》氏によるノンフィクション「安倍晋三『沈黙の仮面』」には、今の姿からは想像もつかない少年時代、青年時代の〝人間・安倍晋三〟が描かれていた。

たとえば、大学を卒業してアメリカに留学した安倍青年は頻繁に日本の友人や家族に連絡し「毎晩のようにかけてくる国際電話代が一〇万円にもなる月が続いた。さすがに晋太郎さんが『何を甘えているんだ。それなら日本に戻せ！』と声を荒らげた」とか、さらに議員になってからも「安倍さんが岸総理の安保改定は正しかったと論じることはあっても、核武装を言い出すなんて。彼は、そんなタカ派ではなかったと思う」と友人や恩師たちが首を傾げた、といったエピソードが紹介されている（前掲連載より）。

こういったエピソードからもわかるように、おそらく人間としての安倍晋三氏は、もともとは俗に〝お坊ちゃん気質〟と言われるような繊細で家族思いの人柄なのではないだろうか。

二〇一四年、作家の林真理子氏との対談で妻の安倍昭恵氏が語っている安倍総理の〝本当の夢〟もウソではないのだろう。

安倍：主人は、映画監督になるのが夢なんですよ。
林：エーッ、知らなかった！
安倍：DVDを見ながら、「おれだったら、こう撮るのにな」とか「このセリフはいらない」なんて言ってますよ（笑い）。だから、総理大臣を辞めて、議員も辞めた後は、映画監督に……。（『女性セブン』二〇一四年五月八・一五日号）

昭恵夫人はインタビューでもしばしば、家庭での安倍氏は政治の話などもあまりせず、ごく穏やかでやさしい夫であることを語っている。

では、なぜそんな安倍首相が国政の場では〝唯我独尊〟のごとく振る舞い、国民の過半数が安全保障関連法案の成立に反対しているにもかかわらず、暴走し続けているのだろうか。

†安倍首相と閣僚たちの「傲慢症候群」

私は、安倍首相や閣僚たちは、第二次政権以降、有権者からの期待と熱狂に祭り上げられ、「傲慢症候群」と呼ばれる状態に陥っていると考えている。

この「傲慢症候群」とは何なのか。これは正式な精神医学的診断名ではなく、医師にして長くイギリスで政治家として活動したデービッド・オーエン氏が命名したジャーナリズム用語だ。とはいえ、オーエン氏らはこの症候群のさらなる研究や対策法の開発のために学会まで立ち上げており、真剣にこの問題に取り組んでいる。

「傲慢症候群」とは、「権力の座にある者に起きる特有の人格の変化」だ。オーエン氏は自著の論文に「獲得された（後天的な）パーソナリティ障害なのか？」という副題をつけており（Owen, D., Hubris syndrome: An acquired personality disorder? Brain 2009; Vol. 132）、これを「一種の後天的なパーソナリティ障害」だとしているが、一般的なパーソナリティ障害が人生の早期からその特徴が見られる半ば生得的なものであるのに対し、傲慢症候群が発生するのはあくまで権力を手にした後とされる。

だとしたら、ほかのパーソナリティ障害に比べてこの傲慢症候群は軽症と言えるのだろうか。そうとは言えない。この症候群にかかるのは権力者であるがゆえに、その影響は甚大なのだ。

とくに深刻なのは政治家の場合だと、オーエン氏は先の論文でこう言っている。

「政治家の傲慢症候群は、彼ら自身の指導力にとっても、われわれの世界の適切な統治にとっても、一般的な病よりはるかに大きな脅威となるのである。」

オーエン氏がこの症候群の存在に気づくきっかけになったのは、長年の政治家としての経験の中でであった。自らも大臣経験者である彼は、謙虚だった同僚が首相を始めとする要職につくと次第に尊大になり、「聞き役」だったはずがいつの間にかいっさい人の話を聞かずに自分の功績やビジョンを一方的に話しまくるようになる、という実例を目の当たりにしてきたのだ。

傲慢症候群の特徴として、オーエン氏があげているのは次の一四項目だ。ここでは、企業CEOのケースなどをあげながらこの傲慢症候群についてくわしく紹介した二〇一五年三月一五日の朝日新聞デジタルの記事から、一四の特徴をそのまま引用させてもらうことにしよう（「傲慢トップは経営リスクか『人格障害』ビジネス界注目」、http://digital.asahi.com/articles/ASH3C0HR8H3BUHBI02W.html?_requesturl=articles%2FASH3C0HR8H3BUHBI02W.html）

ちなみにオーエン氏の別の論文では、このうち三つないし四つがあてはまれば傲慢症候群と考えてよい、と記されている。

①自己陶酔の傾向があり、「この世は基本的に権力をふるって栄達をめざす劇場だ」と思うことがある
②何かするときは、まずは自分がよく映るようにしたい
③イメージや外見がかなり気になる
④偉大な指導者のような態度をとることがある。話しているうちに気がたかぶり、我を失うこともある
⑤自分のことを「国」や「組織」と重ねあわせるようになり、考えや利害もおなじだと思ってしまう
⑥自分のことを王様のように「わたしたち」と気取って言ったり、自分を大きく見せるため「彼は」「彼女は」などと三人称をつかったりする
⑦自分の判断には大きすぎる自信があるが、ほかの人の助言や批判は見下すことが

ある
⑧自分の能力を過信する。「私には無限に近い力があるのではないか」とも思う
⑨「私の可否を問うのは、同僚や世論などのありふれたものではない。審判するのは歴史か神だ」と思う
⑩「いずれ私の正しさは歴史か神が判断してくれる」と信じている
⑪現実感覚を失い、ひきこもりがちになることがある
⑫せわしなく、むこうみずで衝動的
⑬大きなビジョンに気をとられがち。「私がやろうとしていることは道義的に正しいので、実用性やコスト、結果についてさほど検討する必要はない」と思うことがある
⑭政策や計画を進めるとき、基本動作をないがしろにしたり、詳細に注意を払わなかったりするので、ミスや失敗を招いてしまう

†自分に批判的な意見の軽視、蔑視

たしかにこのような特徴を持つ人といっしょに仕事をするのは、部下や秘書としては愉快なことではないだろう。

しかし、問題はそれだけではない。傲慢症候群に陥った人物をリーダーとして仰ぐ側の人々や社会にとって最も重要なのは、上記の特徴の⑬や⑭だ。彼らはあまりにひとりよがりな成功物語にとらわれて現実を見失い、細部に目が行かなくなるため、結局、その統治は破綻に終わるのである。

いくら威張っていても自画自賛が激しくても、リーダーとして卓越しているなら部下や国民は我慢できる。ところが、この傲慢症候群のポイントは、先に述べたように「もともとそれほど自己陶酔型でなかった人が権力の座についてからそう変化すること」だ。つまり、傲慢はある意味で〝取ってつけた〟だけなので、どこまでも肥大化する自己を自分でコントロールしきれなくなっていくのだ。

もちろん、安倍首相や閣僚がこの症候群だという確証があるわけではなく、その統治が必ず失敗に終わると言いたいわけでもない。ここで上記の①から⑭のうち何番と何番があてはまるか、と検討するつもりもないのだが、私がとくに気になるのは、安倍首相や政権に見られる「⑤　自分を国家と同一化している」と「⑦　自分に批判的な意見を軽視、蔑視する」という傾向だ。

先に、昨年の衆議院予算委員会での「（憲法解釈の）最高の責任者は私です。私が責任者であって、政府の答弁に対しても私が責任を持って、その上において、私たちは選挙で国民から審判を受けるんですよ。審判を受けるのは、法制局長官ではないんです、私なんですよ」という答弁を紹介した。

しかし、この手の発言はこれだけではない。二〇一五年一月に過激派組織「イスラム国」が邦人二人の拘束を明らかにしその後、殺害した事件が起きた際も、首相は二月二日の参議院予算委員会で「国民の命、安全を守ることは政府の責任であり、その最高責任者は私であります」と発言している。さらに、三月六日の衆議院予算委員会での文民統制についての答弁では、「シビリアン・コントロールというのは、基本的に、国民によって選ばれた内閣総理大臣が最高指揮官であり、そしてまさに同じように、文民である防衛大臣が指揮をしていく、こういう構造になっているわけでございますし、自衛隊の活動においては国会の決議も必要であるし、また、予算においては国会を通らなければならない、これこそがまさにシビリアン・コントロールと言える。基本的には、国民から選ばれた内閣総理大臣が最高指揮官であるということにおいて完結をしていると言ってもいいんだろうと思います」とも語った。

「それだけ重い責任を背負っている」という意味にもとれるが、そこであえて「最高」という単語を用いるのはなぜなのか。やはりそこには、今や「日本国＝私」という同一化が起きているのではないだろうか。

また二〇一五年七月に民放のニュース番組に出演した安倍総理は、「（安全保障関連法案は）残念ながら支持が低い。理解が進んでいないという中にあって、こういう厳しい結果になってるのかなと思う」「支持率のために政治をやっているのではない」と語った。自分のやろうとしていることは「正義なのだ」という確信があり、たとえ支持率が下がったとしても、それは自分が間違っているからでなく、国民の「理解が進んでいない」からと考えているのだろう。これは現実的な仮定ではないが、もし支持率がゼロ%になったとしても、「正しいのは私だ」「歴史がいつか証明してくれる」とますます態度を強硬にするのかもしれない。

また、これは以前から言われていることだが、「自分に批判的な意見の軽視、蔑視」は、先の国会での野党議員への発言内容とは無関係な野次を見ても明らかだ。さらに首相は、SNSのひとつであるフェイスブックを駆使し、自身や自民党の政策に批判的な発言をする評論家などに対して名指しで否定的なコメントを繰り返している。第二章で言及したが、私もかつて「香山リカは論外」と書かれ、その後、〝首相のお墨付き〟を得たとばかりにいっせいに批判が押し寄せ、辟易したことがあった。総理大臣というそれこそ最高権力者に名指しで否定されることが、一民間人にとってどういう意味を持つのか、想像すればすぐにわかるはずであろう。

このようにして安倍政権は、ときには自分たちが率先して批判的な意見を述べる人を糾弾し、ときには自分たちが手を汚さなくともネット上の応援団たちがいっせいに批判者のもとに群がり、「政権の足を引っ張る反日売国奴」などと言葉の限りを尽くして罵倒してくれる、という仕組みを作り上げた。それによって、自分たちに反対の意見をできるだけ遠ざけようとしているようである。

では、この「傲慢症候群」はいったいどうして起きるのだろう。

不安を抱えた日本人

医師としてのオーエン氏は精神医学ではなく神経内科学の専門家なので、その論文では「傲慢症候群の脳内メカニズム」には言及があるものの、心理学的な原因についての詳細な検討は行われていない。ただ、有権者の期待と熱狂に背中を押される形でどんどん気持ちが高揚し、ついには限度を超えた自我の肥大化にまで至ってしまう、というのは「現実の否認」にほかならない。

先に「強いリーダーを待望する有権者」の検討のところで、その裏にあるのは「不安」だという話をした。

とはいえ、「不安」はどんなに世の中が安定していても、人がそこから逃れることのできない本質的な心理のひとつである。精神分析学者の新宮一成氏は、著書の中でこの「不安」の本質にあるのは「自己言及の不可能性」だとして次のように言う。

「我々の記憶をさかのぼってゆくと、どこかでそれは切れてしまう。自己の誕生を記憶している人はいない。（中略）私の今の身体が、私の父と母の手の中で赤ん坊であった一つの存在とつながっているということを、私自身はもはや経験することができないのである。

この不可能性を、現実のものとして受け止めること、そこから精神分析は出発する。」（『ラカンの精神分析』、講談社現代新書・一九九五年）

つまり、いくら安心材料を与えられたとしても、「どうして生まれた」「どうやって生まれた」という人生最大の謎を解き明かすことができない私たちは、「不安」から解放されることはない、ということだ。

とはいえ、この「不安」を抱えたままでは生きていけないので、私たちはあの手、この手で自分を安心させ、「不安など、もうない」というポーズを取ろうとする。その手段のひとつでありゴールでもあるものが、「言語」だと分析家は考える。再び新宮氏の著書から引こう。

「私がどういう者であるかのあかしを、私自身は立てることができない。そこで私は、私にあかしを要請している言語そのものへと向かって、私が何であるかの問いを投げ返さなければならないことになる。（中略）言語は私にとって、太初《アルケー》からそこに居て、私に生存の意味を与えた者と見なされる。」（前掲書）

この「言語」とは何であろう。それは、私たちが日常の中で使う言葉とは異なる、「自分が何であるかがそこに書かれているような言語」のことである。そこに到達さえできれば、私たちは「なぜ、どうやって生まれた」というあの謎を解くことができて、私たちを苦しめ続ける「不安」からも解放されるはずである。しかし、それが容易ではないこと、というよりほとんど不可能であることは言うまでもない。ただ、私たちの心の奥にあるといわれる「無意識」は、どうもその秘密を知っているようでもある。

精神分析家のジャック・ラカンは、そのことを指してこう言った。

「無意識は、大文字の他者の語らいである。」

ここで言われる「大文字の他者の語らい」こそが、私たちの生存の秘密を知るあの「言語」のことだ。ラカンが言う「大文字の他者」とは、経験的ではなく超越的な他者であり、現実的ではなく象徴的なものである。社会学者の大澤真幸氏はそれを「第三者の審級」と呼んだ。

私たちは、その「大文字の他者の言語」を自ら手に入れ、語ることはできない。それは不可知の領域から響いてくるものだ。しかし、精神分析的な技術を用いて丹念に心にアプローチすることによって、その言葉をかろうじて聴くことはできるかもしれない。ラカンは言う。「(耳を澄ませて) 享受せよ!」。

†憲法はどこからやってきたのか

話が飛躍するかもしれないが、私は立憲主義における憲法というのは、国家権力の外部にあってそれを縛るものというその性質から考えても、この「大文字の他者の言語」にごく近いものではないか、と考えている。つまり、生涯にわたって「自己言及の不可能性」という無力感、不安感に苛まれる私たちの存在を外から支え、人権に代表されるさまざまな権利を保障してくれるものなのである。

しかし、ここにひとつ矛盾がある。憲法は実際には「第三者の審級」「不可知の領域から響いてくる言葉」などではなく、あくまで人によって作り出されたものである。自分たちで草案を書き、発布しておいて、「これは大文字の他者より賜った究極の言語である」などと言っても、なかなかすぐにそれを信じられるものではない。

おそらく「現憲法はアメリカからの押しつけ憲法だから変えるべき」と主張する人は、アメリカが日本にとって本来は象徴的な存在であるはずの「大文字の他者」として振る舞おうとしていることが許せないのであろう（許す、許さないにかかわらず、現実的にはその面は否めないのだが）。私はときどき冗談で「この憲法が山陰地方などの神話の里から発掘された石版に刻まれていたとなったら、改憲なんて畏れ多いと言う人が大半なのではないか」と考えるのだが、いずれにしても、私たちにとって超越的なものであるはずの憲法を書いたのは誰か、誰であるべきか、というのはよく考えればかなり重要な問題だと思う。

私たちは本来、それを書くべき「大文字の他者」は象徴的な存在で、その席には誰もいないことに気づいていながら、そこに象徴的に存在する何かから憲法がやって来た、というフィクションを共有し、演技し続けているわけだ。

†「大文字の他者」の座につこうとする首相

安倍首相はその矛盾を絶妙に感じ取り、「（実は）私が憲法の最高の責任者なのです」と述べ、この「空席の大文字の他者の座」につこうとしたのではないだろうか。

精神分析理論に依拠した社会学を展開する樫村愛子氏は、その著書『臨床社会学ならこう考える』（青土社・二〇〇九年）の中で、現在の政治における「大文字の他者の不在」について言及する。同書から、精神分析学の知で現代社会を果敢に読み解く評論家スラヴォイ・ジジェクの言葉を借りながら、政治における「大文字の他者」の問題が解説される箇所を引用しよう。

「主体の構造がナルシシズム的になればなるほど、主体はますます激しく大文字の他者を責め立て、その結果として大文字の他者に依存する自分の存在を愁訴する。『不平の文化』とは現代版のヒステリー症のことであり、その基本的特徴は、大文字の他者へ向けて叫び声をあげ、社会的不利益を被っているマイノリティに介入の手を差し伸べ、物事の道理を取り戻すように訴える。

また大文字の他者なき世界のパラドクスは、このように、大文字の他者と呼びうる何かが、単なる象徴的フィクションではなく、『現実的なもの』のさなかに実際に存在していることの確信を追い求めようとする現象であると指摘する。」（樫村愛子、前掲書）

ここで樫村氏は、長らく政治の世界では「大文字の他者の不在」が続いているとし、その状況を「政治のマクドナルド化」と呼び警告を発する。だとするならばここで、「私が憲法の最高の責任者」と胸を叩くリーダーは、その不在であった大文字の他者が、まさに象徴的フィクションとしてではなく「現実的なもの」として現れた、という構図だと考えられはしないか。それまで、一般の有権者が不在の「大文字の他者へ向けて叫び声をあげ」（前掲書）ていたとするならば、そこに忽然と現れた現実の人間である安倍首相に今度は快哉の声を上げたとしても、少しも不思議はない。

　では、私たちはここで、「ようやく政治の世界に大文字の他者が現れた」と無邪気にそれを喜んでいればよいのだろうか。それは違う。私たちは、「大文字の他者」はあくまで象徴的な存在であることに気づきながら、どこかに存在するであろうその超越的な存在から憲法が与えられたというフィクションを暗黙の了解で共有して、戦後七〇年間を生きてきた。そこには、憲法は人間が作ったものであるにもかかわらず、自分たちの社会の権力を外から縛るものでもある、という矛盾をも受け入れる〝ふところの深さ〟がまだあったのである。

　ところが、二十一世紀になり、私たちはそういった状況に耐えられなくなっていった。その中で、「この憲法を作って与えたのはアメリカだ。アメリカは私たちの『大文字の他者』などではない」「いや、今こそ私たちの社会は本当のリーダーを求めるべきだ」と声を上げ始めた。そして、ついに現実のレベルで超越的な存在を探し求めるようになり、たまたまそこにいた安倍首相がかつぎ上げられ、その座についたのだ。また、安倍首相も「私こそがリーダーだ」という物語を受け入れるために、自ら傲慢症候群に陥った。

では、ずっと可能であったはずのフィクションの共有、矛盾を矛盾のまま保つ〝ふところの深さ〟が維持できなくなったのは、なぜなのか。その背景にあるのは、やはり社会の変化による現実的な「不安の増大」だ。

†日本における「不安の増大」

もちろん、「不安」そのものは先ほど述べたように人間にとって必然的、根源的なものであるが、それに加えてバブル経済以降の日本には、経済の凋落、少子高齢化、年金の破綻の危機、周辺国の台頭、さらには相次ぐ巨大災害といったさまざまな種類の問題が襲いかかってきた。その中で、私たちは誰もが持つ普遍的な不安に加えて、社会的、個人的な次元でもさまざまな現実的な不安を抱え込まなくてはならなくなった。そのようにして不安が増大すれば、「反動形成」「躁的防衛」といったこれまで説明した心のメカニズムによって、より強いもの、よりたくましいものを求め、それに自らを擬態させ、内なる不安を打ち消そうとする。その意味でも安倍首相の登場は、多くの人たちにとって〝都合のよいもの〟であったわけだ。

またそこでさらに、登場した安倍首相に自分を重ね合わせ、強い存在になった錯覚を味わうことで「不安」を打ち消す、「同一化」という別の心のメカニズムも動員されているとも考えられる。

とはいえ、現実的な「大文字の他者」を希求する声はこれまでもあり、その座につこうとした人は何も安倍首相がはじめてというわけではない。しかも興味深いことに、その声は一九九二年にいわゆるバブル景気がはじけ、日本が長い〝不況のトンネル〟に入り込んだ頃から強くなっていった。ここでそこからの経緯を改めて振り返る紙幅はないが、第二次大戦における日本の選択と行動を肯定的に評価し、「南京大虐殺や従軍慰安婦はなかった」とする歴史修正主義を教科書に盛り込むことを目指す「新しい歴史教科書をつくる会」の発足が九六年、同様の内容をマンガで表現した小林よしのり氏の『新ゴーマニズム宣言SPECIAL 戦争論』第一巻が出版されベストセラーになったのは九八年。

その後、二〇〇二年の日韓共催ＦＩＦＡワールドカップでは、韓国の試合でアンフェアなことが行われたとされ、同国国民の自国チームへの熱狂的な応援に刺激されたこともあって、日本国内でもナショナリズムの高まりを感じさせる動きが見られたことには、これまでの章でも何度か言及した。（しかし、当時はそれはかろうじてサッカーをめぐる問題に限定されていた）。

その後、北朝鮮の脅威や中国、韓国の反日感情の高まりとともに、「自虐史観からの脱却」の声は次第に大きくなっていき、二〇〇八年には当時、現役の自衛隊幹部であった田母神俊雄氏が「日本は侵略国家であったのか」と題する論文で民間の論文コンクールの最優秀賞を受賞した。「日中戦争は侵略戦争ではない」「日米戦争はルーズベルトによる策略」とする内容は大きな社会問題となり、結局、田母神氏は自衛隊航空幕僚長を更迭され退職することになるが、その後、田母神氏は評論家として活躍し、政界を狙うことになるのは周知の通りだ。田母神氏の主張は一貫しており、二〇一五年一月に行われた講演会でも「日本を強い国にするために今後とも活動を続けます」

と述べたとホームページに掲載されている。

このように「あの戦争は正しかった」「日本は強い国」と自らの正当性や強靭さを主張する態度も、「不在の大文字の他者」の座に現実的なレベルでつこうとする行為と考えられるのではないだろうか。言うまでもなくその裏にあるのは、経済の衰退などで不安が高まり、「大文字の他者が不在のまま、あるいは象徴的な存在のままでもフィクションを共有できる」という余裕がなくなったという社会やそこの人々の現実だ。「もう不在のままでは耐えられない！　早く『大文字の他者』を！」という叫びが、歴史修正主義やそれを振りかざす〝強いリーダー〟を招喚したのである。

そのためにも、安倍首相には「我こそが国だ」という傲慢症候群でいてもらわなければ困るのだ。

そういう意味で、安倍首相の傲慢症候群は、有権者と安倍氏自身との〝合作〟と言ってよいだろう。

†「国家という病」に名医はいるのか

ただここでもうひとつつけ加えなければならないのは、九〇年代後半以降、「不安」の打ち消しのために前述の「反動形成」や「躁的防衛」以外にも新たな心の防衛メカニズムが使われるようになったことだ。

それは、「投影」と呼ばれる機制だ。「投影」とは、自分の中にある不安、怒り、攻撃性といった受け入れがたい感情やそれに基づく衝動を、あたかも他者が持っているかのように感じることで回避することを指す。九〇年代以降、「日本は正しい」「日本は強い」とセットになって語られることに「悪いのは北朝鮮、韓国、中国だ」という主張がある。もちろん、それらの国には反日感情が渦巻き、あるいは北朝鮮のように日本人を拉致したりミサイルで挑発したりという直接的な暴力に出る国もあるが、それらに呼応するというよりはそれらをしのぐ勢いで日本の中に、東アジアの国々や人々への敵意が高まっていることも確かだ。

さらに、次に述べるように事実とは言いがたいようなことを理由として、それらの国々への差別扇動発言いわゆるヘイトスピーチを叫びながらデモを繰り広げたり、ネットで在日コリアンに罵詈雑言を浴びせかけたりする人たちも出てきた。彼らは、執拗に「在日韓国・朝鮮人は利権、特権を貪っている」と主張し、さらには「日本のマスコミや広告代理店は韓国、中国に牛耳られている」「政治家や学者の中にも韓国、北朝鮮、中国の利益のために動く者がいる」と信じ込んでいるようだ。これらが誤解に基づくデマやまったく根も葉もない妄言であることは数々の書物などで実証されているが（たとえば野間易通著『「在日特権」の虚構——ネット空間が生み出したヘイト・スピーチ』河出書房新社・二〇一三年）、それでも彼らは「悪いのはあいつらだ」という主張をまったく変えようとしない。

ロンドン大学の気候学者S・ファン・デア・リンデン氏によると、ある陰謀論を信じる人はほかの陰謀論も信じやすいという傾向が認められ、またいったん陰謀論を支持する強烈な情報に触れてそれを信じてしまうと、その人はそれ以降、信憑性の高い社会的・政治的に重要な問題に無関心になり、もっぱら陰謀論に有利な情報にのみ接触しようとするという傾向があるそうだ（「陰謀論をなぜ信じるか」、『日経サイエンス』二

○一四年二月号)。つまり、ひとたび陰謀論を信じてしまうと、いくらそれを否定する資料や証言を見せても、「そんなのはウソだろう。信じたくない」と耳を貸そうともしなくなってしまうわけだ。

では、なぜ彼らはそんな陰謀論に固執し続けるのか。それは、先ほど述べたようにその背後には「投影」という自らの中の不安やおびえなどを回避するメカニズムがあるからだ。もし陰謀論を棄却すると、彼らはもはや「投影」ができなくなって、「韓国のせいで不安なのではなく、これは自分の側の問題なのだ」とそれに直面しなければならなくなる。自分の心の内に直面すると、そこに渦巻く恐怖、怒り、いら立ちなどのネガティブな感情で精神が崩壊してしまうかもしれない。その危険を予感しているからこそ、彼らは「悪いのはあいつらだ」という陰謀論を手放すわけにはいかないのである(ちなみに、リンデン氏はもともと気候学者なのだが、『地球温暖化はでっち上げだ』というプロパガンダを信じ込んでCO2削減の努力を放棄してしまう人びとのあまりの多さを憂慮し、陰謀論の背景を研究し始めたのだそうだ)。

しかし、ここまでの展開に納得できたとしても、まだ残る疑問があるだろう。それは、なぜ自分自身や社会の不本意や不安を投影する対象として「在日韓国・朝鮮人」が選ばれなければならなかったか、ということだ。「外的な何か」「シンプルな何か」が選ばれやすいにしても、それは「原発」や「新型ウィルス」であってもよかったはずだ。万が一、他国の人間がターゲットになるにしても、世界中にはいろいろな国があって、日本と深いかかわりを持っている外国人もいくらでもいる。その中で、なぜよりにもよって「在日韓国・朝鮮人」なのか、ということだ。

†なぜ、ターゲットが「在日韓国・朝鮮人」なのか

この問題に関しては、先にも紹介した精神分析学者のスラヴォイ・ジジェクの見解を借りたいと思う。ジジェクは分析家ジャック・ラカンの難解な理論を現実の政治や文化の解釈に応用するという離れワザで知られるが、「エイリアン」ものの映画の分析で、怪奇そのものの姿をしたエイリアンが出てくるのではないタイプに注目する。

その代表が、SF古典映画の『SF／ボディ・スナッチャー』だ。これは、ドライブ中に車が故障して立ち寄った町が実はエイリアンに占拠されていた、というある意

味で単純な作品なのだが、身体を宇宙からやって来た侵略者に奪われた人たちはみな、見た目にはほとんど変化がない。ただ、目の光や指のあいだの皮膚の感じなど、注意しなければ見逃すほどの違いがある。ジジェクは「ここでは人間とエイリアンの違いは最小限で、ほとんど気づかないほどだ」と言いながら、こう続けるのだ。

「日常的な人種差別においても、これと同じことが起きているのではなかろうか。われわれいわゆる西洋人は、ユダヤ人、アラブ人、その他の東洋人を受け入れる心構えができているにもかかわらず、われわれには彼らのちょっとした細部が気になる。ある言葉のアクセントとか、金の数え方、笑い方など。彼らがどんなに苦労してわれわれと同じように行動しても、そうした些細な特徴が彼らをたちまちエイリアンにしてしまう。」(『ラカンはこう読め!』紀伊國屋書店・二〇〇八年)

ジジェクはさらにこの「ちょっとした細部」をラカン理論を使って解説していくのだが、ここではそこまでには立ち入らずにおこう。ただ、私たちがいちばん気になってしまうのは「自分と比べて明らかに異なる対象」ではなくて、「限りなくそっくりに見えるが、実は細部が違う（かもしれない）対象」だというジジェクの指摘は、まさに「ヘイトスピーチの対象がなぜ在日韓国・朝鮮人にのみ向かうのか」という問いの答えになっているのではないだろうか。

話が「憲法」からややそれたが、ここまでで言いたかったのは、自らの内にある不安や恐怖、葛藤などから目を背け、「反動形成」「躁的防衛」といった心のメカニズムでそれを打ち消し、「大文字の他者」の現実レベルでの登場に快哉を叫んでそれに自分を「同一化」し、仕上げに「悪いのは私じゃない、自分に似たあいつだ」とおびえを外部に「投影」して韓国や在日コリアンを口汚くののしったとしても、事態の本質的解決には何もつながらない、ということだ。それらはすべて一瞬の憂さ晴らし、快楽、高揚でしかない。

フロイトは、こうやって抑圧され打ち消された否定的な感情や衝動は、必ず回帰すると述べている。では、どのように回帰するのか。それは、「症状」という形でだ。

フロイトやその流れを継承するラカンは、このような衝動や葛藤の抑圧、否認、打ち消しなどが神経症や精神病の原因になると主張した。そこからフロイトは、抑圧された不安や怒りと正しい形で出会うこと（精神分析では「洞察」という）こそが、症状の治癒につながると考えた。その出会いのプロセスこそが、「精神分析」なのだ。

そういう意味で、「私が憲法の主人」と名乗る人が現れ、その姿に手放しで熱狂する人たちが多数を占めるいまの日本は、この「内なる不安との出会い」の正反対の方向に暴走しようとしていると考えられる。だとすると、この間、出現したヘイトスピーチや極端な歴史修正主義を、「抑圧された葛藤の回帰」つまり「症状」と考えることもできるのではないだろうか。問題は、リーダーや閣僚の傲慢症候群だけにとどまらないのだ。

もし、すでに国家的病の「発病」が始まっているのだとしたら、時間的猶予はもうさほど残されていない。その場合、「国家という病」を治療する〝精神科医〟として適当なのは誰なのか。私たちにできるのはもはや、その〝名医〟の出現を待望することだけしかないのだとしたら、状況はかなり悲観的と言わざるをえないのかもしれない。

終章

†誰から日本を取り戻すのか

二〇一二年、第46回総選挙で与党に返り咲いた自民党のキャッチフレーズは、「日本を、取り戻す。」であった。当時、自民党はマニフェストで、「取り戻す対象」として「ふるさと」「経済」「教育」「外交」「安心」をあげた。これらが危機に陥っているのでなんとかして回復させる、という強いメッセージがそこには見て取られた。単に経済や教育の問題を解決するだけなら「立て直す」「よみがえらせる」など他の言い方もあったはずだ。「取り戻す」という単語の意味は、辞書によると「取って元の状態に戻す」であり、「今は他人の手にある」「誰かに奪われてここにはない」といったニュアンスも含まれている。

自民党のマニフェストにはその「誰が日本から教育や安心を奪ったのか」という収奪、剝奪の主体にまでの言及はなかったが、だからこそおそらく多くの有権者は、そこに自分なりの単語をあてはめたのではないか。たとえば、「民主党」「マスコミ」「戦後民主主義教育」、さらには「中国」「韓国」「北朝鮮」「アメリカ」といった国家の名前をそこに入れてみた人もいるだろう。

こちらは何かを誰かに奪われた「被害者」なのだから、略奪した加害者からそれらを取り戻すのは、しごく当然のことだ。安倍晋三総裁率いる自民党が唱えた「日本を、取り戻す。」というフレーズから、私たちは自分が漠然と感じていた「被害者意識」をはっきりと認識し、次いで「今こそ〝そいつら〟の手から本来の権利を取り戻すときが来たのだ」と権利回復の意識に目覚めたのではないだろうか。

もちろん、本当に私たちは何かを奪われた「被害者」なのか、万が一そうだとしても、私たちが「加害者」と想定している相手が本当にその奪い手なのか、そこには何の証拠もない。ただ、「もしかするとそうではないか」と思っていたことを安倍自民党がズバリ、言葉にしてくれたことはたしかだ。そこに多くの人たちは、「よく言ってくれた！」と飛びついたのではないだろうか。

政権の座についてからも、安倍総理はこのメカニズムを使った発言を繰り返した。たとえば2014年、朝日新聞で従軍慰安婦に関して証言者の不正確な発言に基づく記事を書いていたという、いわゆる「吉田証言問題」が明るみに出たとき、安倍総理は出演したラジオ番組でこのように語った。

「個別の報道機関の報道内容の是非についてはコメントすべきではないが、例えば、慰安婦問題の誤報で多くの人が苦しみ、国際社会で日本の名誉が傷つけられたことは事実といってもいい。一般論として申し上げれば、報道は国内外に大きな影響を与え、わが国の名誉を傷つけることがある。そういうことも十分に認識しながら、責任ある態度で、正確で信用性の高い報道が求められている。それが国民の願いではないか」（「産経ニュース」二〇一四年九月一二日 http://www.sankei.com/politics/news/140912/plt1409120006-n1.html）

ここでは「慰安婦問題の誤報で多くの人が苦しみ、国際社会で日本の名誉が傷つけられたことは事実」と述べているが、これは真実だろうか。実際にその記事で「苦しんだ人」が大勢いたり、国際社会の中で日本の名誉が著しく傷つけられたりした具体的な事実があったのか。ときどきネットには「海外に住む日本人の子弟が、現地の友人に〝おまえのおじいさんはこんな卑劣なことをしたのか、といじめられている」といった書き込みがあるが、これを含めてどの内容もワンパターン化しており、実証性には乏しいと言わざるをえない。それよりもその前年、橋下徹大阪市長（当時）が慰安婦について「世界各国が持っていた。なぜ日本だけが取り上げられるのか」「慰安婦制度は必要というのは誰だってわかるわけです」などと語って世界中から顰蹙を買ったが、そのほうがよほど日本の名誉を傷つけたと考えられる。

安倍総理がここで言おうとしているのは、そんな現実的、具体的な問題ではなく、きわめて心理的なレベルの問題なのだろう。「慰安婦問題の誤報」はある意味でうってつけの手段のひとつでしかなく、それよりも「みなさん、日ごろの生活の中で、なんとなく自分は大切にされていない、と思っていませんか？」と訴えかけて被害者意識を涵養し、「それはみなさんが悪いのではないのです。それは……この誤報を出した朝日新聞のせいなのです」と巧みに外敵を作り上げて、その責任をそこにすべて押しつけようとする。すると、誤報があったのは事実なのだから、誰もが「そうか、どうも私の評価が低すぎると思っていたが、それは国家の名誉が朝日新聞によって傷つけられたことと関係しているのだ」と理解し、すべての疑問や不安を憎しみにかえて、朝日新聞への攻撃に打って出ることができる。だからこそ、その報道にかかわった元朝日新聞記者は激しい誹謗中傷や非難を受け、教員として勤務している大学にまで脅迫の手紙や電話が届くような事態が引き起こされた。そこで行動に出た人たちの多くは、実際には従軍慰安婦問題とはそれまで何の関係もなかった人たちなのではないか。

†攻撃の〝お墨付き〟を与える安倍総理

「ヘイトスピーチとレイシズムを乗り越える国際ネットワーク・のりこえねっと」の共同代表も務めている作家の北原みのり氏は、その著書『奥さまは愛国』（朴順梨氏との共著。河出書房新社・二〇一四年）の中で、「愛国主義」を名乗る女性たちによる、在日コリアンを侮蔑するような内容を含む街宣行動の取材に出向き、彼女たちの一生懸命さに衝撃を受ける。そして、かつて自分がフェミニズム運動にかかわり始めた頃のことをそこに重ね、自分も彼女たちも「正しさと熱意」にかかわっている、という実感を得たいのでは、と鋭く分析する。大手資本から与えられるのではなく、あくまで自分たちで作り上げた「手作り感」いっぱいの運動に参加することで、日常生活では得られない〝手ごたえ〟をつかみたい。その点において、愛国女性たちとかつての自分は同じではないか、と北原氏はあえて自らに問いかけるのだ。

安倍政権は、「ほら、あそこに敵がいますよ!」とそれを指さし、人々の攻撃がそこに向かうよう巧みに誘導することで、支持者が「正しさと熱意」にかかわっている、と思える幻想を与えてくれる。

私はかつて、政権への疑問を率直に語るというNHKの番組に出演し、総理のアカウントで運営されているフェイスブックでそれぞれ「秘書官」「総理自身」と思われる書き手から激しいののしりの言葉を浴びせかけられた(「安倍批難が本業」「論外」など。現在は消去)。これが本当に総理自身の言葉だったのかどうか、確証は得られていないのだが、少なくとも総理やフェイスブックの管理者がそれを否定したりたしなめたりすることはなかった。

それに対して、一部の人たちからは「一国の総理のアカウントで個人攻撃をするものではない」といった批判の声も出たが、それ以外の多くは「本当にその通りです」などと官邸サイドに同意するようなコメントが書き込まれた。さらにはその後あたりから、私のツイッターアカウントに常識では考えられないような憎悪、攻撃のコメントが書き込まれたり、勤務先に「こんな教員を選んだ教授会に疑問を抱きます。すぐに辞めさせるべきです」といった電話などでのクレームが寄せられたりするようになった。

私は言わば、総理から「みなさん、この人も敵です。私たちを傷つけようとしています」と名指しされたと同じわけだが、直接的にではないにせよ、それが彼らに「こいつは思う存分、攻撃してよいんだ」という〝お墨付き〟を与えた、とは言えないだろうか。

安倍政権はこうして、「中国脅威論」から朝日新聞へのラジオを通しての非難、国会での野党女性議員への野次、果ては私のような一個人への揶揄まで、さまざまなレベルで対象を具体的に定めては、「さあ、みなさん、ここに敵がいますよ。この敵がみなさんから正当な権利や名誉を奪っているのですよ」と周囲に喧伝し、憎悪や攻撃がそこに集中するように巧みに誘導している。

これはもはや、「ナショナリズム」とは呼べないだろう。その攻撃に加わっている人たちはツイッターやフェイスブックのプロフィール欄では、「日本を愛するふつうの日本人」「安倍政権熱烈支持の愛国者」などと名乗っているのだが、その書き込みに日本への愛情や礼賛を示すものはほとんどなく、とにかく中国や韓国、リベラル知識人や野党政治家をおよそ〝美しくない日本語〟でののしっているだけなのだ。

二〇〇二年においてはやや表層的なファッションとしての「ぷちナショナリズム」だったものが、その後、「がちナショナリズム」や日本をやたら称揚する「ポジナショナリズム」に変遷して行く過程をこれまで見てきたが、ここに来てさらに「ナショナリズム」が先鋭化し、ついに「愛国」の影さえなくなってしまった、ということなのかもしれない。だとしたら、この状況は何なのか。あえて名前をつけるとするならば、それはやはりリーダーの声ひとつで誰もがひとつの価値観にいっせいになだれ込む「ファシズム」だと言ってよいのではないか。

ぷちナショナリズムの時代から、がちナショナリズムを経て、ファシズムへ。

これが二〇一五年の日本なのである。

この年、前年に閣議決定された集団的自衛権を行使するための安全保障関連法の成立を巡り、全国で激しい反対運動が起きた。とくに国会前では、毎週金曜日、重要局面では連日、学生を中心とした若者が作る組織SEALDsが反対デモを開催し、最初は数百人だった参加者があっという間に数万人に膨れ上がって社会現象にまでなった。

彼らや、彼らが影響を受けたと考えられる首都圏反原発連合やヘイトスピーチデモに対抗するC.R.A.C.などいわゆる「ポスト3・11」の新しい市民運動は、早くから安倍政権の〝正体〟を「ファシズム」と見抜き、集会などでは政権批判を繰り広げていた。それぞれの運動を通して、多くの有権者が原発再稼働に反対し、繰り返されるヘイトスピーチデモには国連からの勧告も出されているのに、それにいっこうに耳を貸そうとしない安倍政権の本質はファシズムだと気づいていたのだ。もちろん、沖縄の米軍基地移転問題にかかわっている人々も同様であろう。

しかし、問題は政権にのみあるのではない。原発再稼働には反対でも、ヘイトスピーチはいけないと思っていても、選挙が行われても投票に行かない人、あるいは自民党に投票して政権への支持をより積極的に示す人が、ファシズムの醸成に貢献していることは言うまでもないのである。世論調査をするたびに現政権支持者の支持の理由の一位は「ほかにかわりがないから」であるが、そういう理由で「まあ仕方ないね」と支持を表明することがファシズムの完成に力を貸していることに、おそらくその人たちは気づいていないと思われる。あるいは、そう伝えたとしても、「大げさな。私はファシズムなどには反対ですよ」と言うに違いない。

ただ、ドイツでナチスを支持していた人たちも、当時は「私はファシズムにかかわっている」という自覚はなかったはずだ。石田勇治氏の『ヒトラーとナチ・ドイツ』(講談社現代新書・二〇一五年)には、とくにナチスの初期には国民はヒトラーを「平和主義者」だと思って支持していた、という衝撃の事実が史料とともに記されていた。人が「あれはファシズムだった。私はそうとも知らずに支持していた」と気づくのは、いつもすべてのできごとが終わってからなのである。

その失敗を繰り返さないためにも、私たちはナショナリズム以上にファシズムの萌芽には敏感になるべきだ。いや、今やそれは「萌芽」などではなく、茎が伸び葉が茂り、すでにつぼみさえいくつもついた状態になっていることは、いま見てきた通りである。

「奴らを通すな！　¡NO PASARAN!」

この夏、SEALDsが繰り返していたコールのひとつだ。これはその昔、ラジオを通してスペインのファシズム運動であるフランコ反乱軍に呼びかけられた言葉であり、世界の抵抗運動の合言葉になっている。

奴らとは誰か。その正体は何なのか。「日本ってすばらしい」という甘いナショナリズムのファンタジーの影にひそむファシズムに、目をこらし、「通すな！」の言葉を叫び続けなければならないときがいま、やって来たのである。

第二章、第三章は、『ぷちナショナリズム症候群』（中公新書ラクレ・二〇〇二年）の文章に加筆しました。

第四章は、石坂友司、小澤考人編著『オリンピックが生みだす愛国心』（かもがわ出版・二〇一五年）収載の「スポーツとナショナリズム」に加筆しました。

第五章は、『憲法問題26』（三省堂・二〇一五年）収載の「憲法を「精神分析」する」に加筆しました。